Genereris

PUBLISHING

AF751171

Modelli di attaccamento e strategie di coping nella depressione perinatale

Mario Altamura

Copyright © 2024 Mario Altamura
Copyright © 2024 Generis Publishing

All rights reserved. This book or any portion thereof may not be reproduced or used in any manner whatsoever without the written permission of the publisher except for the use of brief quotations in a book review.

Title: Modelli di attaccamento e strategie di coping nella depressione perinatale

ISBN: 979-8-89248-621-7

Author: Mario Altamura

Cover image: www.pixabay.com

Publisher: Generis Publishing
Online orders: www.generis-publishing.com
Contact email: info@generis-publishing.com

Modelli di attaccamento e strategie di coping nella depressione perinatale

Altamura Mario

A Mariella

Introduzione

Gli stili di attaccamento insicuro sviluppati nell'infanzia e le strategie di coping disfunzionali rappresentano due importanti fattori di vulnerabilità che possono influenzare profondamente il modo in cui una donna affronta la transizione alla maternità, incidendo sul suo benessere psicologico e sulla salute e lo sviluppo del feto/neonato. La mancanza di strategie di regolazione emotiva coerenti rende le donne con attaccamento insicuro particolarmente vulnerabili alla depressione perinatale, poiché non riescono a gestire in modo costruttivo le difficoltà e lo stress associati al ruolo di madre. Il coping disfunzionale è un importante fattore di rischio per lo sviluppo e il mantenimento della depressione perinatale. Strategie come l'evitamento, l'isolamento sociale, l'autocritica e la negazione delle emozioni non solo perpetuano i sintomi depressivi, ma possono anche impedire alle donne di ricevere il supporto necessario per affrontare questa fase critica della vita. Gli stili di attaccamento insicuro, in particolare l'attaccamento ansioso e l'attaccamento evitante, influenzano il modo in cui le donne gestiscono lo stress e le emozioni durante la gravidanza e il periodo post-partum, spesso attraverso meccanismi di coping disfunzionali. Ciò che emerge dalle più recenti ricerche è che la combinazione di un attaccamento insicuro con l'uso di strategie inadeguate per gestire lo stress e le emozioni può amplificare il rischio di sviluppare una depressione perinatale, un problema che comprende sia la depressione durante la gravidanza (depressione prenatale) che la depressione post-partum. La connessione tra attaccamento insicuro, e l'uso di strategie di coping disfunzionali è, pertanto, cruciale per comprendere la vulnerabilità alla depressione perinatale. Comprendere queste dinamiche e intervenire con trattamenti e supporti adeguati può fare la differenza nel prevenire e trattare la depressione perinatale, migliorando non solo la salute mentale della madre, ma anche il benessere del neonato e della famiglia. Obiettivo del presente lavoro è proprio quello di evidenziare gli stili di attaccamento che influenzano lo sviluppo della depressione perinatale e le strategie di coping che mediano tale relazione.

1. La depressione perinatale

La maternità rappresenta un evento complesso sul piano psicologico che implica la riorganizzazione della realtà della vita quotidiana, la ricomposizione delle relazioni interpersonali e di coppia e soprattutto la ridefinizione del proprio mondo psichico e della propria identità. Nel passaggio a questa nuova dimensione esistenziale alcune donne possono andare incontro allo sviluppo di molteplici quadri psicopatologici che rientrano all'interno dello spettro ansioso-depressivo, oggetto da tempo di attenzione e di studio da parte della comunità scientifica. I recenti sviluppi nello studio della salute mentale della donna in gravidanza hanno indotto un cambiamento di paradigma dal concetto di depressione post-partum alla considerazione di uno spettro di disturbi insorgenti nel periodo perinatale, inteso come arco di tempo che va dalla gravidanza a un anno dopo il parto. Si tratta di una vera e propria svolta, rintracciabile in un cambio di prospettiva, andando a ridefinire l'arco temporale in cui i disturbi psichici possono riattivarsi o svilupparsi per la prima volta.

La depressione perinatale (DP) è una delle complicanze più frequenti per le donne in gravidanza e nel post-partum. Questo disturbo dell'umore può avere gravi conseguenze per la donna, per la famiglia e per il neonato. La depressione perinatale può interferire con la capacità della madre di rispondere in modo sensibile e coerente ai bisogni del neonato, una componente cruciale per la formazione di un attaccamento sicuro. Le madri che soffrono di depressione perinatale possono manifestare un minor coinvolgimento emotivo, irritabilità, o evitamento, tutti fattori che possono compromettere la qualità dell'attaccamento (Murray & Cooper; 1997). In particolare, tutti gli studi che hanno indagato gli effetti che la DP sul bambino sono concordi riguardo agli effetti negativi che una condizione depressiva materna ha sul comportamento del bambino (es. uno stile di attaccamento disorganizzato, alterazioni della regolazione affettiva, elevata vulnerabilità psicopatologica). I bambini di madri con depressione perinatale sono a maggior rischio di sviluppare un attaccamento insicuro, che è stato collegato a esiti psicologici negativi, come problemi comportamentali ed emotivi, in età avanzata (Field, 2010). La depressione perinatale grave è stata collegata a un attaccamento disorganizzato, in cui il bambino mostra comportamenti confusi o contraddittori nei confronti della figura di accudimento (Martins & Gaffan, 2000). Lo sviluppo cerebrale del bambino sembra influenzato dalla DP soprattutto a livello del sistema limbico, che comprende un complesso di strutture e aree encefaliche fondamentali nella regolazione degli stati emotivi (Severo et al., 2023).

Per la diagnosi di DP, secondo il DSM-5 o l'ICD-10, devono essere soddisfatti gli stessi criteri del disturbo depressivo maggiore: umore depresso, perdita di piacere e interesse, cambiamenti nell'appetito, disturbi del sonno, agitazione, irrequietezza/rallentamento, riduzione dell'energia, facile stanchezza e spossatezza, senso di valere poco, senso di colpa eccessivo, difficoltà di concentrazione, incapacità di pensare lucidamente, pensieri ricorrenti che non vale la pena di vivere o pensieri di morte e di suicidio. Tuttavia, una parte consistente della comunità scientifica internazionale attualmente ritiene che vi siano significative specificità dei vissuti depressivi nelle donne con depressione perinatale e un'ampia variabilità delle manifestazioni psicopatologiche che precedono e seguono la nascita di un figlio (Grussu & Bramante, 2016). Un sintomo specifico della depressione perinatale è il senso di colpa o inadeguatezza legato al ruolo di madre. Le donne possono sentirsi incapaci di formare un attaccamento emotivo con il bambino, sviluppando una convinzione di fallimento come madri (Beck, 2001; Field, 2010). Nella depressione perinatale, alcune madri possono sperimentare sentimenti ambivalenti o negativi nei confronti del proprio bambino, compreso il rifiuto o il distacco emotivo, che è meno comune nella depressione maggiore non legata al periodo perinatale (Murray, & Cooper, 1997). L'ansia è spesso più pronunciata nella depressione perinatale rispetto alla depressione maggiore. Le donne possono sperimentare una forma intensa di ansia, chiamata ansia perinatale, che include preoccupazioni ossessive su potenziali danni al bambino o sull'essere una cattiva madre. Questo sintomo è meno comune nella depressione maggiore non perinatale (Heron et al., 2004). Alcune donne con depressione perinatale possono sviluppare pensieri ossessivi riguardanti il benessere del neonato, come pensieri intrusivi di fare del male al bambino, anche se questi pensieri sono spesso vissuti come disturbanti e non rappresentano una reale intenzione di azione. Nella depressione maggiore, i pensieri ossessivi non sono così legati alla sfera della maternità (Abramowitz et al., 2003). Sebbene il senso di isolamento possa essere presente in entrambe le forme di depressione, nella depressione perinatale questo può essere accentuato dalla percezione che la madre dovrebbe essere felice per la nascita del bambino, il che può portare a sentimenti di vergogna o colpa per non riuscire a soddisfare tali aspettative sociali (Martins & Gaffan, 2000). Anche se la depressione maggiore può includere sintomi fisici, questi sono più accentuati e specifici nella depressione perinatale (Beck, 2001). La depressione perinatale può influire negativamente sul processo di attaccamento tra la madre e il bambino, poiché le madri possono avere difficoltà a rispondere ai bisogni emotivi del neonato. Nella depressione maggiore, non legata al periodo perinatale, queste difficoltà non sono presenti (Martins & Gaffan, 2000). La sintomatologia della depressione perinatale può variare notevolmente in termini di gravità e tipo di sintomi. Alcune donne possono sperimentare sintomi prevalentemente emotivi, come tristezza e apatia, mentre altre soffrono di sintomi fisici, come affaticamento estremo e disturbi del sonno. A questo proposito, secondo i ricercatori esistono tre fonti di eterogeneità nel DP: cluster di sintomi molto differenti tra loro; diversa insorgenza temporale della DP; traiettorie longitudinali di malattia eterogenee (Waqas et al., 2023). Secondo Putnam e colleghi (2017) l'esordio temporale della PD (antenatale o postnatale; precoce o tardiva) potrebbe essere la chiave per districare i processi fisiopatologici alla base di questa condizione. Questa complessità spesso complica il riconoscimento della DP da parte dei professionisti della salute. La depressione perinatale può manifestarsi in momenti diversi durante il periodo perinatale. Alcune donne sviluppano sintomi durante la gravidanza (depressione prenatale), mentre altre li sviluppano nel post-partum, con una vasta gamma di presentazioni che possono variare dalla gravidanza fino a un anno dopo il parto. Le basi biologiche di questa eterogeneità della depressione perinatale sono complesse. Le fluttuazioni ormonali (come il calo di estrogeni e progesterone dopo il parto), alterazioni nei livelli di cortisolo, e disfunzioni nei sistemi neurotrasmettitoriali (serotonina e dopamina) sono alcuni dei meccanismi sottostanti (Bloch et al., 2003). Anche la risposta al trattamento per la depressione perinatale è eterogenea. Alcune donne rispondono bene agli interventi psicologici, come la terapia cognitivo-comportamentale (CBT) o la terapia interpersonale (IPT), mentre altre potrebbero richiedere trattamenti farmacologici con antidepressivi (Yonkers et al., 2011).

Per la valutazione della depressione perinatale, esistono vari strumenti validati. L' Edinburgh Postnatal Depression Scale (EPDS) è uno degli strumenti di screening più utilizzati a livello internazionale per la depressione postnatale e prenatale. Consiste in 10 domande che esplorano i sintomi depressivi nelle ultime due settimane. È specificamente progettato per il periodo perinatale ed è ampiamente utilizzato sia nella ricerca che nella pratica clinica (Cox et al., 1987). Il PHQ-9 è una scala a 9 domande basata sui criteri diagnostici del DSM-IV per il disturbo depressivo maggiore. Anche se non è specifico per il periodo perinatale, viene spesso utilizzato per valutare la depressione nelle donne in gravidanza e nel post-partum, grazie alla sua validità e facilità d'uso (Kroenke et al., 2001). Il Post-partum Depression Screening Scale (PDSS) è stato specificamente progettato per valutare la depressione nel periodo post-partum. È composto da 35 domande che esplorano vari domini, inclusi disturbi del sonno, cambiamenti nell'appetito e ansia, fattori comuni nel post-partum (Beck & Gable, 2000). Il Perinatal Anxiety Screening Scale (PASS) è uno strumento valido per identificare i sintomi di ansia durante la gravidanza e il post-partum. L'ansia spesso coesiste con la depressione perinatale, quindi può essere utile nell'identificare situazioni complesse (Somerville et al., 2014). Il Center for Epidemiologic Studies Depression Scale (CES-D) è uno strumento a 20 item che misura i sintomi depressivi nelle ultime due settimane. È stato utilizzato in contesti di ricerca per la depressione perinatale, grazie alla sua sensibilità nel rilevare sintomi depressivi anche nelle popolazioni non cliniche (Radloff, 1977). Il Beck Depression Inventory (BDI-II) è uno strumento ampiamente utilizzato per misurare la gravità della depressione. Comprende 21 item e copre una vasta gamma di sintomi emotivi, cognitivi e fisici della depressione. Anche se sviluppato per la popolazione generale, è stato adattato per la valutazione della depressione nelle donne in gravidanza e nel periodo post-partum (Beck, 1996). L'uso di tali strumenti consente una diagnosi precoce e un trattamento tempestivo della depressione perinatale, riducendo così il rischio di complicazioni a lungo termine per la madre e il bambino.

Diversi studi hanno indagato la diffusione della depressione nel periodo perinatale, riportando stime di prevalenza molto variabili. A livello globale, si stima che tra il 10% e il 20% delle donne soffra di depressione perinatale, sia durante la gravidanza che dopo il parto. La prevalenza può essere più alta in contesti a basso reddito, dove le condizioni di stress economico, la mancanza di accesso ai servizi sanitari e il supporto sociale limitato contribuiscono a tassi più elevati di depressione. (O'Hara & McCabe, 2003). Le condizioni create dall'emergenza pandemia di Covid-19 hanno gravato in modo particolare sulla salute mentale materna e sembrano aver contribuito all'aumento di questo disturbo rispetto ai livelli pre-pandemici (Harrison et al., 2023).

Nei paesi ad alto reddito, recenti ricerche evidenziano una prevalenza del disturbo depressivo del 15-20% nel periodo prenatale, con differenti valori a seconda del trimestre di gravidanza: i tassi di depressione prenatale risultano maggiori nel secondo e terzo trimestre di gravidanza (Gavin et al., 2005). I tassi di depressione post-partum oscillano tra il 16 e il 18%, con una significativa eterogeneità tra le nazioni (Howard et al. 2020; Hahn-Holbrook et al. 2018). La prevalenza della depressione perinatale può variare nel tempo. Studi recenti suggeriscono che l'aumento dello stress sociale e i cambiamenti nei ruoli familiari tradizionali, oltre alla maggiore consapevolezza del problema, stanno contribuendo a un aumento delle diagnosi di depressione perinatale, specialmente nei paesi industrializzati (Stewart et al., 2003). I risultati di una survey in Italia hanno mostrato che la percentuale di donne con depressione perinatale è aumentata dall'11,6% nel 2019 al 25,5% nel periodo che va da novembre 2021 ad aprile 2022 (Camoni et al., 2022).

Lo strumento di screening più comunemente utilizzato per la valutazione del rischio di depressione è l'Edinburgh Postnatal Depression Scale (EPDS). I diversi punteggi di cut-off utilizzati negli studi epidemiologici aiutano a spiegare la variabilità delle stime di prevalenza riscontrate nei diversi Paesi. In base alla letteratura internazionale si può considerare un punteggio di 9/10 come indicatore di medio rischio, mentre di solito un limite di 12/13 è un indicatore di rischio elevato (Swalm et al., 2010). Una recente revisione sistematica degli studi che hanno indagato la diffusione della depressione nel periodo perinatale in Italia riporta stime di prevalenza del 20.2% con un punteggio EPDS di ≥10 nel periodo prenatale e del 27.5% e 11,1% con cut-off rispettivamente EPDS ≥9 e ≥12 nel periodo post partum (Camoni et al., 2023).

L'eziologia della depressione perinatale non è nota, le evidenze suggeriscono un complesso intreccio di fattori genetici, biologici, psicologici e sociali. Esiste una componente genetica nella depressione perinatale. Le donne con una storia familiare di disturbi dell'umore o di depressione sono più inclini a sviluppare depressione durante o dopo la gravidanza (O'Hara & McCabe, 2013; Payne & Maguire, 2019). I cambiamenti nei livelli di estrogeni e progesterone durante e dopo la gravidanza possono influenzare l'umore e aumentare la vulnerabilità alla depressione perinatale. Dopo il parto, il calo rapido di questi ormoni può influenzare i neurotrasmettitori che regolano l'umore, come la serotonina (Bloch et al., 2003). Le donne con una percezione negativa di sé stesse o con ansia elevata durante la gravidanza (eccessiva preoccupazione per la salute del bambino o per la capacità di essere una buona madre), sono maggiormente a rischio di sviluppo di depressione perinatale (Heron et al., 2004). Non tutte le donne che sperimentano alcuni di questi fattori svilupperanno la depressione, ma la loro combinazione può aumentare il rischio. Alcuni gruppi sono particolarmente a rischio di sviluppare depressione perinatale. Tra questi: donne che vivono in condizioni di povertà o insicurezza economica; donne che hanno avuto complicazioni in gravidanza o parto traumatico; donne con scarsi supporti sociali, incluse le madri single o quelle che vivono in isolamento; donne che hanno subito traumi pregressi o che soffrono di disturbi d'ansia. La comprensione di questi fattori è essenziale per prevenire e trattare efficacemente la depressione perinatale, offrendo il supporto necessario alle donne che ne soffrono (Beck, 2001).

Gli studi di genetica hanno mostrato un coinvolgimento di polimorfismi di geni codificanti per il trasportatore della serotonina e per il recettore dell'ossitocina (OXTR), i quali modulano sia il tono dell'umore che la qualità del parenting (Binder et al., 2010; Mileva-Seitz et al., 2013; Chandra et al., 2024). Generale è l'accordo che i cambiamenti fisiologici che capitano nel peripartum (es. modificazioni dei livelli di estradiolo, testosterone, progesterone, corticosteroidi, anemia da deficit di ferro) possono aumentare la vulnerabilità della donna ai sintomi depressivi (Baker et al. 2002; Beard et al. 2005; O'Keane V., 2011). Il coinvolgimento di questi sistemi potrebbe fornire una spiegazione sulla relazione tra alterazioni genetiche, alterazioni neurotrasmettitoriali, fluttuazioni ormonali e alterazioni dell'umore caratteristiche della DP. Inoltre, ci sono dei fattori di rischio che possono rendere maggiormente suscettibile lo sviluppo della DP, tra cui le complicanze ostetriche e fetali, la familiarità psichiatrica, pregressi disturbi psicopatologici di natura depressiva, un precedente episodio depressivo post-partum, presenza di disturbi di personalità, lo scarso supporto sociale, le conflittualità con la famiglia di origine e con il partner, uno status socioeconomico basso (Agrawal et al., 2022).

Particolare attenzione è stata posta in questi ultimi anni allo studio dei possibili fattori di rischio personologici. È stato ipotizzato che le caratteristiche premorbose della personalità contribuiscano alla suscettibilità alla PD e potrebbero potenzialmente fungere da predittori clinici, in combinazione con fattori di rischio noti come una precedente storia di episodi di umore. Questo modello individua nei tratti della personalità caratteristiche distintive di una maggiore vulnerabilità ai fattori di stress esterni producendo una diatesi per l'umore depresso nel contesto del fattore di stress della nuova genitorialità (Boyce et al., 1991; Dennis e Boyce, 2004; Verkerk et al., 2005). Il neuroticismo, caratterizzato da una tendenza a sperimentare emozioni negative come ansia, irritabilità e vulnerabilità allo stress, è uno dei tratti di personalità più fortemente associati alla depressione perinatale. Le donne con alti livelli di neuroticismo sono più sensibili ai cambiamenti ormonali e agli stress emotivi e sociali legati alla gravidanza e alla maternità, aumentando il rischio di sviluppare sintomi depressivi (Verkerk et al., 2005; Severo et al., 2024). Il perfezionismo, un tratto che include aspettative irrealisticamente alte verso sé stessi e un'autocritica severa, è stato associato a depressione perinatale. Le donne che si sforzano di essere "madri perfette" possono sentirsi sopraffatte dalla responsabilità della maternità e più inclini a sintomi depressivi se non riescono a soddisfare le proprie aspettative (Milgrom et al., 2008). Una bassa autostima è un altro tratto associato alla depressione perinatale. Le donne con una bassa opinione di sé stesse possono avere più difficoltà ad affrontare le sfide della gravidanza e della maternità, sentendosi inadeguate o incapaci, il che aumenta il rischio di depressione (O'Hara & McCabe, 2013). La bassa conscienziosità, che riflette una mancanza di organizzazione, autodisciplina e attenzione ai dettagli, è stata collegata a un rischio maggiore di depressione perinatale. Le donne con questo tratto potrebbero trovarsi impreparate o sopraffatte dalle responsabilità della gravidanza e della maternità, aumentando il rischio di sviluppare depressione (Grant et al., 2008). L'impulsività, ovvero la tendenza a prendere decisioni affrettate e a essere meno riflessivi, è stata collegata a sintomi depressivi nel periodo perinatale, poiché può interferire con la capacità di pianificare e prepararsi per il ruolo di genitore e gestire lo stress in modo efficace (Austin et al., 2010). La sensibilità interpersonale, o la tendenza a essere eccessivamente preoccupati per le relazioni interpersonali e la percezione di essere criticati o rifiutati dagli altri, è un tratto che aumenta il rischio di depressione perinatale. Le donne con elevata sensibilità interpersonale possono essere più vulnerabili ai cambiamenti nelle dinamiche relazionali durante il periodo perinatale (Boyce & Hickey, 2005). L'introversione è stata associata a un rischio più elevato di depressione perinatale. Le persone introverse tendono a evitare situazioni sociali e possono avere maggiori difficoltà a cercare supporto durante la gravidanza e il post-partum, due periodi in cui il supporto sociale è cruciale per la regolazione emotiva e la prevenzione della depressione (Wardenaar et al., 2017). Al contrario, tratti come l'estroversione e la consapevolezza sembrano offrire una protezione contro la depressione perinatale. Le donne estroverse tendono a cercare supporto sociale, ad essere più ottimiste e a gestire meglio le sfide interpersonali, riducendo il rischio di depressione (Martini et al., 2009). Questi risultati suggeriscono l'importanza di considerare i tratti di personalità nei programmi di prevenzione e trattamento della depressione perinatale. Una caratteristica della personalità ben documentata che è stata associata allo sviluppo di PD è lo stile di attaccamento insicuro della madre (Simpson et al., 2003; Bifulco et al., 2004; McMahon et al., 2005; Monk et al., 2008; Rholes et al., 2011). Studi indicano che circa il 50-60% delle donne con depressione perinatale tende ad avere uno stile di attaccamento insicuro, rispetto a percentuali molto più basse nelle donne senza depressione perinatale (Bifulco et al., 2004; Martucci et al., 2021). Secondo la teoria classica dell'attaccamento, sviluppata da John Bowlby e Mary Ainsworth, esistono tre principali stili di attaccamento insicuro: 1) Attaccamento ansioso-ambivalente: le persone con questo stile di attaccamento tendono a essere estremamente preoccupate per la disponibilità e l'accettazione degli altri. Possono sentirsi insicure nelle relazioni e manifestare una forte paura dell'abbandono; 2) Attaccamento evitante: le persone con questo stile di attaccamento tendono a evitare relazioni intime o emotive strette. Temono di dipendere dagli altri e mantengono un distacco emotivo per evitare di sentirsi vulnerabili o delusi; 3) Attaccamento disorganizzato: questo stile è spesso associato a esperienze di trauma o abuso e si manifesta con comportamenti incoerenti nelle relazioni. Le persone con attaccamento disorganizzato possono oscillare tra il desiderio di vicinanza e la paura dell'intimità. La depressione perinatale e lo stile di attaccamento insicuro sono strettamente correlati, poiché il modo in cui una donna si relaziona agli altri e gestisce le emozioni può influenzare notevolmente la sua vulnerabilità alla depressione durante la gravidanza e il post-partum. L'attaccamento ansioso è stato associato a un maggiore rischio di sviluppare depressione post-partum, in quanto la donna potrebbe avere difficoltà a stabilire un legame emotivo con il bambino o a gestire le aspettative e le pressioni sociali legate alla maternità. Le donne con attaccamento evitante tendono a gestire le emozioni in modo distaccato, cercando di evitare il supporto degli altri e minimizzando i loro bisogni emotivi. L'evitamento delle emozioni e delle relazioni intime durante il periodo perinatale può lasciare queste donne vulnerabili alla depressione post-partum, in quanto mancano di un adeguato sostegno emotivo. Le donne con stile di attaccamento disorganizzato possono avere difficoltà particolarmente gravi nel gestire le sfide emotive della gravidanza e della maternità. La tendenza a reagire in modo disorganizzato di fronte allo stress può aumentare il rischio di sintomi depressivi gravi.

Il legame tra stile di attaccamento della madre e depressione perinatale è stato oggetto di numerosi studi che hanno evidenziato come le esperienze precoci di attaccamento possano influenzare la salute mentale durante la transizione alla maternità. Numerosi ricercatori hanno concettualizzato la transizione alla genitorialità come un fattore di stress in grado di attivare il sistema di attaccamento della madre al proprio bambino (Simpson et al., 2003; Bifulco et al., 2004; Monk et al., 2008). Le prime esperienze della donna con i caregiver stabiliscano uno schema per l'attaccamento interpersonale che viene riattivato all'inizio della genitorialità. Le donne le cui prime esperienze sono state non ottimali o carenti possono confrontarsi con lacune nei loro schemi genitoriali che sfociano in una crisi quando si trovano ad affrontare la responsabilità di fornire un tipo di assistenza che loro stesse non hanno sperimentato. Quando l'attivazione degli schemi di attaccamento ha una valenza negativa, come nelle donne con stili di attaccamento insicuro, ciò si associa ad umore negativo e al rischio di sviluppo di DP. Mentre alcuni autori hanno riscontrato effetti maggiori sul PD degli stili evitante rispetto a quello ansioso (Bifulco et al., 2004), ambivalente rispetto a quello evitante (Simpson et al., 2003), altri gruppi hanno scoperto che tutti i sottotipi insicuri aumentano il rischio di PD senza differenze significative tra loro (Monk et al., 2008; Rholes et al., 2011). Sulla base di queste evidenze, è stato ipotizzato che la depressione perinatale possa essere concettualmente classificata come il risultato di un attaccamento insicuro e instabile (Robakis et al., 2016).

Sebbene la teoria dell'attaccamento si focalizzi principalmente sulle influenze ambientali, come il comportamento dei caregiver e le esperienze infantili, la ricerca più recente ha dimostrato che anche la genetica gioca un ruolo nel determinare le risposte emotive e comportamentali che influenzano l'attaccamento. Alcuni bambini, nonostante un ambiente familiare sicuro, mostrano caratteristiche di attaccamento insicuro, suggerendo l'influenza di fattori genetici. Uno dei metodi principali utilizzati per studiare il contributo genetico all'attaccamento sono gli studi su gemelli, che confrontano le somiglianze nei modelli di attaccamento tra gemelli monozigoti (identici) e dizigoti (fraterni). Questi studi hanno evidenziato che esiste una componente ereditaria nell'attaccamento. La ricerca ha indicato che il 45% delle differenze nello stile di attaccamento ansioso e il 39% delle differenze nello stile di attaccamento evitante possono essere attribuite a fattori genetici, mentre il resto è influenzato dall'ambiente (Erkoreka et al., 2021). La ricerca ha identificato alcuni geni che potrebbero influenzare lo sviluppo di modelli di attaccamento attraverso la regolazione dei neurotrasmettitori e dei sistemi cerebrali coinvolti nella regolazione delle emozioni e nell'attaccamento. Il gene che codifica per il trasportatore della serotonina (5-HTT) è collegato alla regolazione dell'umore e delle emozioni. Le persone con una variante "corta" di questo gene tendono a essere più vulnerabili a situazioni stressanti e potrebbero essere più inclini a sviluppare attaccamenti insicuri, specialmente in ambienti difficili. L'ossitocina è un ormone che gioca un ruolo cruciale nell'attaccamento e nelle relazioni sociali. Varianti del gene che codifica per il recettore dell'ossitocina (OXTR) sono state associate a differenze nella capacità di sviluppare legami emotivi e risposte sociali. Per quanto riguarda la via dopaminergica, sono stati studiati principalmente i geni dei recettori dopaminergici D2 (DRD2) e D4 (DRD4) e il gene che codifica per la catecol-O-metiltrasferasi (COMT), un enzima che degrada le catecolamine. Il gene che codifica per il recettore D4 della dopamina (DRD4) è associato alla regolazione della ricompensa e del comportamento esplorativo. Varianti del gene DRD4 sono state collegate a modelli di attaccamento insicuro, in particolare in bambini che vivono in ambienti con caregiver poco reattivi o incoerenti. (Altamura & Balzotti, 2020). I ricercatori Gillath e colleghi (2008) analizzando le associazioni tra attaccamento insicuro e specifici polimorfismi genetici hanno trovato che: l'attaccamento ansioso è associato al polimorfismo del gene che codifica per il recettore della dopamina DRD2, mentre l'attaccamento evitante era associato al polimorfismo del gene che codifica per il recettore della serotonina 5HT2A. Luijk et al. (2011) hanno riportato un'associazione significativa tra le varianti polimorfiche del gene per la COMT e lo stile di attaccamento disorganizzato. Nel contesto dell'attaccamento, l'epigenetica, una branca della genetica che studia come i fattori ambientali influenzino l'espressione dei geni senza modificare la sequenza del DNA, può rappresentare una guida alla comprensione di come fattori psicologici e ambientali, intervenienti nella prima nella prima infanzia e durante l'intero corso della vita, possono amplificare o ridurre gli effetti del genotipo sullo stile di attaccamento. Esperienze negative precoci di vita, come l'abuso o la trascuratezza, possono provocare cambiamenti epigenetici duraturi, aumentando la sensibilità al disturbo depressivo durante periodi di particolare vulnerabilità, come la gravidanza o il post-partum. Questa linea di ricerca potrebbe portare all'individuazione di epifenotipi associati a stili di attaccamento insicuro e, di conseguenza, a una maggiore vulnerabilità alla depressione perinatale (Robakis et al., 2020). Il tema degli stili di attaccamento nella depressione perinatale è un tema ricco di implicazioni. Per esempio, lo studio dell'attaccamento potrebbe contribuire ad approfondire le basi genetiche di una malattia complessa come quella della depressione perinatale. Infatti, nonostante gli sforzi volti ad individuare i geni convolti nella depressione, gli studi di genetica non hanno ottenuto risultati facilmente replicabili, il che è indicativo del fatto che la depressione perinatale sia una malattia complessa con una ereditarietà multigenica che si esprime in occasione di particolari fattori di rischio psicologici, ambientali o eventi traumatici. La predisposizione genetica alla depressione perinatale non è legata a un singolo gene, ma è il risultato di una complessa interazione di vari geni che influenzano la regolazione dell'umore, della risposta allo stress e dei livelli ormonali. Per studiare il legame fra i geni e malattie multigeniche i ricercatori hanno adottato una strategia volta ad individuare dei marcatori di comportamento (endofenotipi o fenotipi intermedi) più semplici del fenotipo finale (depressione) e, quindi, più vicini alle basi genetiche dei disturbi mentali complessi (Gottesman & Gould, 2003). Numerosi studi hanno evidenziato come sia più vantaggioso lo studio di varianti genetiche associate a più semplici e specifici endofenotipi coinvolti nel processo fisiopatologico dei disturbi mentali, piuttosto che cercare l'associazione tra i geni e la malattia. Gli stili di attaccamento insicuro possiedono molte caratteristiche riconducibili al concetto di endofenotipo. Le stime di ereditabilità dello stile di attaccamento ansioso ed evitante sono rispettivamente del 45% e 39% (Donnellan et al., 2008; Picardi et al., 2011). È possibile dunque ipotizzare che i pattern di attaccamento possano rappresentare degli endofenotipi utili per lo studio delle basi genetiche della depressione perinatale (Costa et al., 2009; Robakis et al., 2020).

Tra i principali fattori di rischio che sembrano influenzare lo sviluppo e il decorso di una depressione perinatale rientrano le strategie di coping disfunzionali. Le strategie di coping sono i meccanismi psicologici che gli individui adottano per gestire lo stress, le difficoltà o le emozioni negative. Mentre il coping funzionale include strategie efficaci per ridurre lo stress (come chiedere supporto, affrontare i problemi direttamente o regolare le emozioni), il coping disfunzionale si riferisce a comportamenti o pensieri che, anziché risolvere i problemi o ridurre il disagio, tendono a perpetuarlo o peggiorarlo. Il legame tra coping e depressione è complesso e importante, poiché il modo in cui una persona affronta lo stress e le emozioni negative può influenzare significativamente il rischio di sviluppare, mantenere o superare la depressione. Numerose ricerche hanno evidenziato che le strategie di coping disfunzionali giocano un ruolo centrale nella vulnerabilità alla depressione perinatale. Durante il periodo perinatale le donne affrontano una serie di cambiamenti fisici, emotivi e sociali che possono aumentare il rischio di sviluppare disturbi dell'umore, in particolare se utilizzano strategie di coping inadeguate o disfunzionali (Da Costa et al., 2000; Faisal-Cury et al., 2004; Gutiérrez-Zotes et al., 2016). Il coping disfunzionale può manifestarsi in vari modi durante il periodo perinatale e può contribuire direttamente all'insorgenza e al mantenimento della depressione prenatale o della depressione post-partum. Alcuni delle forme più comuni di coping disfunzionale includono l'evitamento, l'autocritica, la ruminazione. L'evitamento comporta il rifiuto di affrontare situazioni stressanti o emozioni negative. Durante il periodo perinatale, l'evitamento può assumere diverse forme: rifiutare i familiari o gli amici; rifiutare di cercare aiuto professionale, nonostante la presenza di sintomi depressivi evidenti; evitare il legame emotivo con il neonato. Questi comportamenti possono alimentare un circolo vizioso di stress non risolto, senso di colpa che può peggiorare i sentimenti di distacco e solitudine, contribuendo allo sviluppo della depressione. L'autocritica, invece, si esprime attraverso il senso di colpa e la vergogna: le madri possono sentirsi inadeguate, credendo di non essere all'altezza del loro ruolo. Pensieri ricorrenti di fallimento o indegnità possono minare la fiducia della donna in sé stessa e nelle sue capacità di prendersi cura del neonato e contribuire a una spirale di autocolpevolizzazione, alimentando la depressione. La ruminazione consiste nel concentrarsi in modo ossessivo su pensieri negativi, come preoccupazioni per la propria capacità di essere una buona madre o il timore di non riuscire a gestire le responsabilità. Questa modalità di coping è fortemente associata a un aumento della gravità della depressione. La valutazione cognitiva di un evento, il modo in cui una persona interpreta un evento e attribuisce significato agli eventi stressanti o emotivi un evento, influenza il tipo di strategia di coping che viene adottata. Se una situazione è valutata come una minaccia o un danno, è più probabile che la persona ricorra a meccanismi di coping disfunzionale. Questi meccanismi spesso mirano a ridurre l'impatto emotivo dello stress, senza però risolvere il problema. Le distorsioni cognitive (pensieri disfunzionali o irrazionali) influenzano profondamente il coping. In presenza di una valutazione cognitiva distorta, le persone possono percepire eventi neutri o affrontabili come minacce insormontabili, portandole a usare strategie di coping inefficaci. La sequenza stress-valutazione cognitiva-strategie di coping deve essere analizzata a vari livelli che include fattori psicosociali e costituzionali. Le forme di reazione allo stress dipendono dalla mediazione di fattori situazionali (sistemi di sostegno economico e psicologico). Negli orientamenti più recenti viene enfatizzato il ruolo dei tratti di personalità che intervengo a definire il costituirsi dei processi di coping. In particolare, il legame tra attaccamento e coping è un campo di studio di grande importanza, poiché lo stile di attaccamento che una persona sviluppa durante l'infanzia influenza il modo in cui affronta lo stress e gestisce le emozioni nel corso della vita. Gli stili di attaccamento, che riflettono la relazione iniziale tra il bambino e la figura di riferimento (solitamente il genitore), creano una base che può determinare come una persona risponde agli eventi stressanti e utilizza diverse strategie di coping (Lopez & Brennan, 2000; Pietromonaco & Feldman Barrett, 2000).

Le persone con un attaccamento ansioso tendono a contare sulle strategie di iperattivazione dell'attaccamento utilizzando meccanismi di coping disfunzionali che riflettono il loro bisogno di sicurezza e rassicurazione. Reagiscono intensamente agli stress emotivi, cercando di ridurre immediatamente il loro disagio emotivo con energici tentativi di raggiungere la vicinanza, il sostegno e l'amore, piuttosto che affrontare direttamente la causa del problema. Tali tentativi si associano alla mancanza di fiducia al risentimento e alla rabbia tali risorse non sono disponibili. Al contrario, le persone con un attaccamento evitante tendono a contare sulla disattivazione delle strategie di attaccamento, evitando il coinvolgimento emotivo, facendo affidamento su sé stessi, preferendo non dipendere dagli altri anche in situazioni di stress. In generale, tendono a evitare di confrontarsi con le proprie emozioni e a mantenere un distacco emotivo dalle situazioni che potrebbero causare disagio. Questo li porta spesso a non cercare supporto sociale, perdendo così l'opportunità di ottenere aiuto e conforto. Le persone con attaccamento sicuro tendono a utilizzare strategie di coping più adattive, come il coping orientato al problema e la ricerca di supporto sociale (Mikulincer & Shaver, 2012). La relazione tra attaccamento e depressione perinatale è, dunque, una relazione complessa e influenzata da molti fattori. Ciò che emerge dalle più recenti ricerche è che i tratti di personalità non abbiano un impatto diretto sulla depressione perinatale. In particolare, sulla base dei dati a nostra disposizione è possibile ipotizzare che gli effetti degli stili di attaccamento insicuro siano mediati da strategie di coping che sembrano favorire l'insorgenza della patologia (Altamura et al., 2023).

2. La Teoria del legame biologico

Balzotti Angela, Altamura Mario

L'attaccamento è una dimensione innata della mente umana. John Bowlby, considerato il padre della teoria dell'attaccamento, definì l'attaccamento come "La propensione innata a cercare la vicinanza protettiva di un membro della propria specie quando si è vulnerabili ai pericoli ambientali per fatica, dolore, impotenza o malattia" (Bowlby, 1969/1982). Il comportamento di attaccamento è considerato parte integrante della natura umana che si sviluppa seguendo tappe specifiche legate alla crescita del piccolo sulla base di una motivazione interna distinta dalle dinamiche riguardanti il cibo o la sessualità, ma non di minore importanza per la sopravvivenza dell'individuo (Balzotti, 2010; Altamura & Balzotti, 2020). Rinunciando a concetti e formulazioni esclusivamente teorici per spiegare i dati clinici, Bowlby utilizzò i principi evoluzionistici espressi in etologia, quali quelli di istinto e imprinting. Il suo lavoro, che aveva preso le mosse dal pensiero psicoanalitico classico, ma che da questo si era man mano allontanato nella convinzione che lo sviluppo della personalità e la psicopatologia si incentrasse nel rapporto madre-bambino, trovò nelle teorizzazioni della moderna biologia comparta – piuttosto che nella teoria delle pulsioni – la possibilità di spiegare i legami affettivi e i relativi disturbi. Osservazioni fatte su almeno quattro diverse specie di scimmie (macaco rhesus, babbuino, scimpanzé e gorilla) circa il comportamento di legame caratteristico tra i piccoli e la madre avevano spinto Bowlby a ritenere probabile che un meccanismo simile all'imprinting esistesse anche nella nostra specie. Egli suggerì che, come nei primati, nostri remoti antenati, anche in tutte le culture umane i piccoli nati presentino alcune sequenze comportamentali caratteristiche, in relazione ad alcuni membri adulti della loro specie. Fra questi, in particolare, il comportamento che Bowlby definisce di attaccamento appariva un comportamento interattivo di ricerca della vicinanza del piccolo nei confronti della madre, di tipo istintivo, geneticamente programmato. Il maggiore contributo dell'opera di John Bowlby è stato quello di aver collocato il sistema motivazionale dell'attaccamento in quel gruppo di sistemi biologici che permettono alle specie di massimizzare il proprio successo evolutivo (Bowlby, 1969/1982; 1973; 1980). Questo particolare tipo di sistema motivazionale si sarebbe conservato nell'evoluzione grazie a meccanismi biologici di tipo genetico e ad alcuni specifici sistemi neurocomportamentali (Hofer, 2006).

In questi ultimi decenni, la teoria dell'attaccamento, definita in etologia umana "teoria del legame biologico" (biological attachment theory), ha trovato sempre maggiori riscontri. L'attaccamento è un complesso organizzato di diversi schemi senso-motori che, nella maggior parte dei mammiferi, determina da parte del neonato, il riconoscimento, l'orientamento e la ricerca della madre o dei genitori. Vi sono molte prove che, nel primo anno di vita, i bambini rispondono in modo specie-specifico alla madre: sorridendo e seguendola con lo sguardo più di quanto facciano, in media, nei confronti di qualsiasi altra persona. Questa tendenza è presente già alla nascita quando, in uno "stato di attenzione" del tutto particolare, il lattante, grazie ad un particolare processo di fissazione che origina nel sistema nervoso centrale, fissa lo sguardo della madre. Il processo di fissazione, presente anche nei bambini nati ciechi, è legato al rilascio di alti livelli di catecolamine, adrenalina e noradrenalina. Nei primi mesi di vita, il sorriso infantile sembra essere sotto il controllo di uno stimolo-segnale specifico quale è quello del volto materno. Modelli di cera colorati, in grado di enfatizzare alcuni elementi inanimati scatenanti, hanno permesso di dimostrare come il sorriso del bambino non sia dovuto all'immagine del volto materno globalmente percepita, quanto piuttosto a certe sue caratteristiche, come gli occhi (Kandel et al., 1991). Per Bowlby, il sorriso, il piangere e il succhiare sono schemi senso-motori innati nel bambino, che gli garantiscono immediate modalità sociali, come l'attivazione dell'accudimento da parte della figura materna (social releaser) (Bowlby, 1980). L'osservazione delle interazioni delle madri con i loro piccoli, durante i primi contatti, ha rilevato come l'attenzione di queste sia principalmente rivolta proprio al volto e agli occhi dei bambini. Una madre che osserva il suo piccolo dopo che questi ha aperto gli occhi, presenta un comportamento caratterizzato da un'attivazione mimica vivace, da sorrisi e carezze. Analogamente, il bambino è filogeneticamente preparato a sostenere l'interazione con la madre, seguendone la voce e guardandole il volto: i neonati, infatti, sono capaci di seguire con gli occhi un oggetto in movimento e all'età di un mese, sono capaci di fissare i profili di un volto umano e di muovere gli occhi in modo coordinato verso una fonte sonora posta lateralmente. È all'età di tre mesi che il lattante si mostra capace di interagire nella comunicazione verbale con la madre: attivando la co-azione (madre e bambino vocalizzano allo stesso tempo) e l'alternanza (madre e bambino vocalizzano a turno). In tale prospettiva, le risposte del piccolo nato non sono semplici riflessi ma qualcosa di più che sta alla base del riconoscimento e della ricerca di prossimità del piccolo in modo selettivo nei confronti della madre. E l'attaccamento si presenta come un complesso sistema multisensoriale, organizzato su base specie-specifica – nella nostra specie prevalentemente visivo –, correlato a moduli sia motori, sia cognitivo-affettivi, come quelli legati all'attenzione, all'apprendimento e alla motivazione. Nel corso dello sviluppo, il sistema di attaccamento regolato su base biologica evolve, secondo Bowlby, in una organizzazione dinamica di schemi, i “modelli operativi interni”, in grado di produrre strutture intrapsichiche all’interno delle quali l’esperienza affettiva che l’individuo ha vissuto con il genitore porta a costruire in forma integrata i concetti di Sé e di Altro. Questi modelli influenzano profondamente il modo in cui le persone percepiscono sé stesse, gli altri e il mondo, e continuano a plasmare le loro relazioni per tutta la vita. Il bambino (e poi l'adulto) sviluppa una percezione di sé basata su come viene trattato dai propri caregiver. Se viene trattato con amore e attenzione, il bambino si vede come meritevole di cura e affetto. Al contrario, se riceve cure inadeguate, potrebbe sviluppare una visione di sé come indegno o non amabile. Le esperienze di attaccamento modellano anche le aspettative su come gli altri risponderanno ai bisogni emotivi. Se i caregiver sono affidabili e rispondenti, il bambino svilupperà un modello operativo interno che vede gli altri come disponibili e sicuri. Se i caregiver sono distaccati o imprevedibili, il bambino potrebbe sviluppare una visione degli altri come inaffidabili o non disponibili. I modelli operativi interni comprendono anche una visione del mondo come un luogo sicuro o insicuro, basata sull’esperienza di attaccamento. Bowlby (1969) ipotizzò che le relazioni di attaccamento primarie rappresentassero il prototipo di tutte le relazioni d’amore successive. Molte delle emozioni che emergono in età adulta sono influenzate in particolare dall’organizzazione degli schemi di attaccamento (Bowlby, 1982; Rholes & Simpson, 2004). In altri termini, la costruzione e il consolidamento dei modelli operativi interni, le cui radici affondano nelle esperienze di relazione con le figure di attaccamento primarie nell’infanzia, influenzeranno le future relazioni affettive che tenderanno a ripetere la relazione precoce tra l’infante e il caregiver. A tal proposito, Bowlby scriveva che “il comportamento di attaccamento caratterizza l’essere umano dalla culla alla tomba” (1979), intendendo che le esperienze di attaccamento acquisite nell’infanzia rimangono più o meno stabili durante tutto l’arco della vita.

Mary Ainsworth, psicologa canadese, che aveva collaborato con John Bowlby negli anni ’50, condividendone la tensione teorica, ha ulteriormente elaborato tale teoria. In Uganda aveva condotto uno studio osservativo sulle interazioni madre-bambino osservandole nell’ambiente naturale in cui si manifestavano. Stabilitasi a Baltimora, nel Maryland, e insoddisfatta dell’osservazione naturalistica svolta, verso la fine degli anni ’60, la Ainsworth intraprese uno studio sperimentale che durò un anno. In questo lavoro la Ainsworth scelse sia di osservare e di registrare diadi madre-bambino nel loro ambiente naturale, per quattro ore ogni tre settimane, sia di osservare le stesse coppie in modo controllato, in laboratorio, al fine di evitare errori interpretativi e utilizzare schemi di codifica chiari e attendibili. Mary Ainsworth e collaboratori (1978) misero a punto una procedura standardizzata, denominata “strange situation”, per valutare il comportamento e il tipo di attaccamento nei bambini. L’organizzazione dell’attaccamento considerata era quella prevalentemente tipica dei bambini tra il primo e il secondo anno di vita. In questa fase il bambino, che sta imparando a camminare e sviluppa un nuovo tipo di manipolazione dell'ambiente, interagisce con la figura di attaccamento attraverso una continua regolazione dei moduli comportamentali legati al mantenimento della vicinanza fisica con la madre, e dei moduli emotivi legati al monitoraggio dell'ansia da separazione. La procedura sperimentale si basa sulla strutturazione di alcuni episodi, circa otto di pochi minuti ciascuno, durante i quali si susseguono due brevi separazioni e due brevi riunioni tra il bambino e il genitore e il bambino si viene a trovare in una condizione di crescente stress.

Tale condizione ansiogena e stressante è attivata da alcune caratteristiche situazionali: la non familiarità dell'ambiente, la presenza di un estraneo, le separazioni dal genitore. La classificazione del comportamento osservato durante la strange situation ha permesso di distinguere alcune fondamentali tipologie di attaccamento. Il pattern di attaccamento sicuro (tipologia B) identifica quel bambino che mostra segni che attestano il bisogno del genitore e che, una volta ritrovatolo, lo saluta con entusiasmo e torna a giocare come prima. Il pattern di attaccamento sicuro è promosso da un genitore disponibile con capacità di contatto sia fisico che emotivo (attunement) (Bretherton, 1985). Un bambino che abbia sperimentato una figura di attaccamento come disponibile e attenta ai suoi bisogni è predittore di un modello di strutture intrapsichiche all'interno delle quali l'Altro è affidabile e tutte le volte in cui potrà trovarsi in difficoltà, vi saranno sempre a disposizione persone fidate che gli verranno in aiuto e un modello complementare di sé come degno e meritevole di cure (Bretherton, 1985). Questo stile di attaccamento da presentato da circa il 55-65% dei bambini.

Il pattern di attaccamento insicuro evitante (tipologia A) identifica quel bambino che evita in circostanze stressanti di rivolgersi al genitore, concentrandosi sull'ambiente inanimato e che al momento della riunificazione lo ignora attivamente. L'attaccamento insicuro-evitante è il risultato di un genitore che respinge decisamente e costantemente il figlio quando gli si avvicina per cercare conforto. Questo schema di di interazione è predittore di un modello di strutture intrapsichiche all'interno delle quali l'Altro è connotato da indisponibilità, rifiuto, ostilità e un modello complementare di sé come non degno di essere amato. Avrà l'idea che potrà contare solo su se stesso e pertanto, reagirà evitando il mondo o opponendosi. Il pattern insicuro evitante è presentato da circa il 20- 30% dei bambini (Ainsworth & Witting, 1969; Ainsworth et al., 1978; Main & Stadtman, 1981).

Il pattern di attaccamento insicuro ambivalente (tipologia C) identifica quel bambino che mostra chiari segni di angoscia anche alla prima separazione dal genitore e resta preoccupato durante tutta la procedura sperimentale apparendo confuso e passivo. Al ritorno del genitore questo bambino è arrabbiato e non riesce a calmarsi. L'attaccamento insicuro-ambivalente si sviluppa quando il genitore è disponibile e soccorrevole in alcune circostanze, ma non in altre, ed è favorito dalle separazioni e dalle minacce di abbandono usate come mezzo di controllo. Questo stile di risposte presentato dal bambino è predittore di un modello di interazione con l'Altro caratterizzato da parte di questi da imprevedibilità nelle risposte e avrà un'idea di sé come vulnerabile e non autonomo. Il pattern insicuro ambivalente è presentato da circa il 5-15% dei bambini. Diversi autori hanno sottolineato come la strange situation ha svolto un ruolo fondamentale nella crescente accettazione della teoria dell'attaccamento (Bretherton, 1992; Holmes, 1993; Van der Horst, 2011). Piuttosto che osservare i modelli naturali tra caregiver e bambino per lunghi periodi di tempo sembrava ormai possibile misurare in modo veloce e standardizzato la relazione bambino-caregiver all'interno di una finestra temporale abbastanza ristretta appena 20 minuti in modo indipendente, attendibile e ripetibile. Ciò ha portato in breve tempo la ricerca sulla teoria dell'attaccamento ad utilizzare la strange situation e a far progredire gli studi in modo sperimentale intorno alla teoria evoluzionistica di Bowlby. Grazie all'osservazione strutturata della strange situation è stato riconosciuto anche un quarto stile di attaccamento: il pattern di attaccamento disorganizzato (tipologia D). I bambini che mostrano questo pattern reagiscono alla separazione e al ricongiungimento con comportamenti contraddittori. Le loro risposte al momento della riunione possono andare dalla ricerca intensa di vicinanza a comportamenti marcati di evitamento; oppure mostrano spavento o comportamenti bizzarri. Il pattern disorganizzato è comune tra i bambini figli di genitori con disturbi di natura depressiva, impegnati nell'elaborazione di eventi luttuosi o traumatici che hanno caratterizzato la propria esperienza con l'attaccamento. Ciò conduce il genitore ad assumere atteggiamenti di paura, o talvolta improvvisa e immotivata collera, mentre risponde alle esigenze del bambino. Le emozioni espresse dal genitore non possono che spaventare il bambino, tanto più che non può comprendere il loro motivo e la loro origine. Chi ha sviluppato un attaccamento disorganizzato svilupperà un'idea dell'Altro come incoerente e di sé come perennemente minacciato e in pericolo, impotente e vulnerabile (Main & Solomon, 1990). Gli stili di attaccamento rappresentano, in sostanza, la modalità di interiorizzazione delle prime relazioni di attaccamento esperite da bambini. Gli studi che hanno studiato direttamente il legame tra tipo di attaccamento e psicopatologia nell'età adulta forniscono evidenza che lo stile di attaccamento insicuro è uno dei fattori di rischio di psicopatologia.

3. Attaccamento e Psicopatologia

Balzotti Angela, Altamura Mario

Diverse erano le formulazioni di Bowlby che apparivano in contrasto con il paradigma kleiniano: l'idea che fossero gli scambi intrattenuti dal bambino con la madre o col padre a contribuire alla formazione del Sé e non quelli con il solo seno materno; l'idea che la vulnerabilità del bambino si estendesse a buona parte della sua infanzia, e non semplicemente al primo anno di vita; l'idea che la perdita dell'oggetto materno originasse, con l'angoscia e il dolore, anche l'aggressività in funzione del ricongiungimento (Bowlby, 1961, 1982). Nonostante i numerosi punti di rottura con la teoria kleiniana, Bowlby trovava sostanziali punti di convergenza con la Klein sul lutto e i suoi processi (Bowlby, 1982). L'esistenza nei lattanti di modalità di reazione legate al lutto, consolidandosi durante lo sviluppo, determinano l'esperienza dell'oggetto oltre che l'utilizzo di alcuni meccanismi difensivi diretti a neutralizzare il dolore per la sua perdita. Sebbene Bowlby ritenesse determinanti le influenze ambientali nel facilitare o ostacolare i processi del lutto, colse la portata esplicativa di queste idee (Bowlby, 1982). Egli sentiva che l'importante contributo offerto dalla Klein fosse stato proprio quello di aver messo in relazione i processi di lutto nell'infanzia con alcuni disturbi psichiatrici, interpretando alcune modalità difensive come dirette contro lo "struggimento" per l'oggetto perduto (Klein, 1935). Tanto che ci si potrebbe chiedere se i concetti di sicurezza/insicurezza potrebbero essere sovrapposti a quelli di posizione schizoparanoide e depressiva (Fonagy et al., 2002).

Per costruire una teoria eziologia dei disturbi psichici, alla luce della teoria dell'attaccamento, Bowlby utilizzò le intuizioni e le riflessioni della Klein per sostenere come la formazione del Sé poteva essere patologicamente distorta dalla perdita delle figure che si prendono cura del bambino. E utilizzò le ricerche della moderna biologia evoluzionista per confermare quanto supposto: la funzione vitale dell'attaccamento. La descrizione fenomenologica kleiniana di alcuni stati della mente legati alla scissione e alla identificazione proiettiva (Klein, 1946) aiutò Bowlby a ordinare i dati da lui raccolti sulle esperienze reali di perdita vissute dai bambini a seguito di interruzioni o abbandoni da parte dei genitori. Interruzioni frutto di minacce o rifiuti dei genitori, in grado di compromettere nei bambini la capacità di mentalizzazione e di regolazione affettiva e di renderli incapaci di gestire i conflitti, risolvendoli adattivamente (Fonagy, 1999, 2001).

I dati osservativi raccolti da Robertson e Bowlby (1952) sulle reazioni dei bambini alla separazione dai genitori confermavano l'esistenza di alcuni meccanismi interni che finivano per rendere determinanti le forti emozioni provate dai bambini in quelle circostanze. Di fronte alla minaccia di perdere i genitori, i bambini esprimevano emozioni di paura e di rabbia, che duravano alcuni giorni. All'avverarsi della perdita seguivano, invece, tristezza e disperazione e, dopo qualche tempo, una certa calma e un certo distacco emotivo che i bambini esprimevano in una ripresa moderata delle attività, accompagnata però da mancanza di vitalità, gioia ed entusiasmo. I dati mostravano che i lattanti e i bambini più grandi provavano, come gli adulti, un grande dolore per la perdita della persona amata ma che, a differenza di loro, i processi utilizzati che portavano al distacco dall'oggetto erano molto più primitivi, non solo perché prematuri, ma perché coincidenti con un grande desiderio e allo stesso tempo con un sentimento di odio per l'oggetto perso (Bowlby, 1982). Per Bowlby, le risposte comportamentali ed emozionali del bambino e gli effetti patologici su di lui di una separazione prematura dalla madre potevano trovare risposta solo nelle radici biologiche del legame di attaccamento (Bowlby, 1961, 1969/1982). Angoscia, rabbia, disperazione fino alla disorganizzazione sono risposte infantili comuni, a fronte di una separazione dalla figura di attaccamento che, come già detto, è preposta a svolgere nei confronti del piccolo una funzione di protezione dai pericoli e di garanzia della sopravvivenza (Bowlby, 1961, 1969). L'immediato sforzo del piccolo per raggiungerla recuperando la vicinanza con lei, come la tendenza a rimproverarla, sono reazioni tipiche e innate, cioè pre-programmate biologicamente. Ma ciò che determinerà la patologia, per Bowlby, è l'incapacità del bambino di autoregolare le emozioni al suo distacco. Anziché esprimere manifestamente l'impulso a recuperare l'oggetto perso, padroneggiando il suo carico di ambivalenza, il bambino vive questi affetti in modo dissociato, reprimendoli (Bowlby, 1961, 1982). Rotture o minacce di rottura dei legami di attaccamento – come nel caso in cui uno o entrambi i genitori sono continuamente insensibili alle richieste di cura del bambino, o lo disprezzano o lo rifiutano, o nel caso di una cura altalenante o ancora nel caso di un metodo disciplinare che adotta la minaccia abbandonica o suicidaria – possono condurre il bambino a vivere uno stato di perenne angoscia, a sentirsi in colpa, ad inibire parte dei suoi normali comportamenti e riducono la resilienza nell'affrontare eventi di vita stressante, predisponendo la persona a crolli psichici nei momenti di crisi (Bowlby, 1982). La relazione tra attaccamento e psicopatologia è stata ampiamente studiata, poiché l'attaccamento sicuro o insicuro che si sviluppa nella prima infanzia può avere un impatto significativo sulla salute mentale a lungo termine e il rischio di sviluppare psicopatologie. Sulla base di risultati provenienti da numerose ricerche gli stili di attaccamento insicuro possono essere considerati fattori di rischio comuni a una grande varietà di patologie psichiatriche che vanno dai disturbi della personalità fino alla schizofrenia. D'altra parte, un attaccamento sicuro può fungere da fattore protettivo contro lo sviluppo di queste condizioni, evidenziando l'importanza delle prime relazioni di attaccamento per la salute mentale.

Numerosi studi hanno trovato una forte associazione tra attaccamento insicuro e depressione. Le persone con un attaccamento insicuro tendono a percepire le relazioni interpersonali come imprevedibili o non disponibili, portandole a sperimentare sentimenti di solitudine e disperazione, che possono contribuire allo sviluppo della depressione. Diversi studi hanno dimostrato che gli individui con stili di attaccamento insicuro sono particolarmente vulnerabili a sviluppare sintomi depressivi ed ansiosi in età adulta (Haaga et al., 2002; Bifulco et al., 2002; Yi et al., 2012; Dagan et al., 2018). Inoltre, nei pazienti clinicamente depressi, l'attaccamento insicuro è associato ad una maggiore gravità della depressione (Reinecke et al., 2001; Bifulco et al., 2003). Esistono diverse forme di attaccamento insicuro caratterizzate da modelli comportamentali distinti e la ricerca ha determinato che modelli distinti di attaccamento insicuro possono correlarsi in modo diverso con la depressione e l'ansia (Graham et al., 2000; Brumariu et al., 2010). Le persone con attaccamento ansioso tendono a sviluppare un modello di sé come non degni di amore e di attenzione costante. La continua insoddisfazione nelle relazioni e la percezione di non essere amati o apprezzati possono contribuire allo sviluppo di disturbi d'ansia o depressione. Gli individui con attaccamento evitante hanno sviluppato un modello interno in cui percepiscono sé stessi come autonomi e autosufficienti. L'evitamento delle emozioni negative può portare a depressione e, in alcuni casi, a disturbi d'ansia. Tuttavia, i risultati non sono coerenti. Mentre alcuni studi mostrano una relazione tra sintomi depressivi e stili insicuro (Gerlsma e Luteijn 2000), altri non hanno evidenziato differenze tra qualsiasi stile insicuro e depressione (Bifulco et al., 2002a; 2002b). Esistono correlazioni tra determinati stili di attaccamento, sviluppati nell'infanzia, e la predisposizione a sviluppare disturbi della personalità in età adulta. La teoria dell'attaccamento può offrire una spiegazione per l'insorgenza di disturbi della personalità attraverso vari meccanismi eziologici. I modelli interni di lavoro sviluppati attraverso le prime esperienze di attaccamento influenzano come gli individui percepiscono sé stessi e gli altri. Questi modelli possono predisporre gli individui a sviluppare schemi disfunzionali e tratti di personalità patologici. Le esperienze di attaccamento influenzano le capacità di regolazione emotiva. Le difficoltà nella regolazione emotiva, derivanti da esperienze di attaccamento insicuro, possono contribuire allo sviluppo di disturbi della personalità. Gli stili di attaccamento influenzano la modalità di interazione con gli altri. Le persone con stili di attaccamento disorganizzati o insicuri possono avere difficoltà nelle relazioni interpersonali, che possono manifestarsi come tratti patologici della personalità.

Il Disturbo Dipendente di Personalità è frequentemente associato all'attaccamento insicuro-ansioso. Questi individui mostrano comportamenti di dipendenza e hanno difficoltà a funzionare senza la rassicurazione costante da parte degli altri, cercando continuamente approvazione e affetto (Bornstein, 1993). Le persone con attaccamento evitante possono sviluppare tratti di personalità narcisistica, in cui l'evitamento delle relazioni e dell'intimità diventa una strategia predominante (Kernberg, 1992) o disturbo paranoide di personalità, caratterizzato da sfiducia e sospetto verso gli altri, spesso dovuto all'esperienza infantile di genitori inaffidabili o distanti (Brennan, Clark, & Shaver, 1998). L'attaccamento disorganizzato è considerato il più problematico in termini di rischio psicopatologico. Questo stile di attaccamento si sviluppa spesso in bambini che hanno vissuto esperienze traumatiche o di abuso, o che hanno avuto caregiver che sono stati simultaneamente fonte di conforto e di paura. L'instabilità emotiva, la paura dell'abbandono e la difficoltà nel regolare le emozioni, tipici del disturbo borderline, sono spesso associati a un attaccamento disorganizzato (Levy, 2005; Mikulincer & Shaver, 2012).

4. Attaccamento e depressione perinatale

Le indagini sulla relazione tra stili di attaccamento e depressione sono state più recentemente estese allo studio dello stile di attaccamento materno in relazione a rischio di DP. Data l'importanza dei pattern di attaccamento degli adulti nello sviluppo di depressione, è stato ipotizzato che lo stile di attaccamento materno potesse avere un ruolo nello sviluppo del prenatale o depressione post-partum. Il periodo perinatale è un momento di attivazione degli schemi di attaccamento allo scopo di strutturare la relazione madre-bambino (Bifulco et al., 2004; Robakis et al., 2020). In particolare, la gravidanza non è assimilabile ad una condizione di stress generale. La gravidanza è un evento della vita intrinsecamente correlato ai domini di attaccamento nella vita delle donne. In quanto tale, la gravidanza orienta le cognizioni verso le preoccupazioni sull'attaccamento in relazione al proprio partner, alla famiglia di origine e al futuro bambino. Possiamo considerare l'anticipazione di un futuro bambino alla base dell'attivazione di rappresentazioni di attaccamento sé-altro, che causa cambiamenti negli affetti, nel comportamento e nella motivazione in base alle caratteristiche di queste rappresentazioni. Quando lo schema di attaccamento dominante di una donna è insicuro, anche una gravidanza sana può essere vissuta principalmente come stressante perché l'attivazione di rappresentazioni relazionali è associata a insoddisfazione interpersonale, bassa autostima e umore negativo. Al contrario, la "visione del mondo" le cognizioni e i comportamenti associati all'attaccamento sicuro sono emotivamente protettivi. A partire dall'individuazione degli stili di attaccamento nelle donne in gravidanza alcuni ricercatori si sono interessati a come le rappresentazioni di attaccamento della madre possano influenzare l'attaccamento al feto durante la gravidanza e al bambino dopo la nascita, mettendo in evidenza che tale relazione si origina ben prima della nascita ed influenza la qualità della relazione post-natale (Fonagy, 1991). Quando gli schemi dominanti di una donna riguardano la mancanza di senso di sicurezza nelle relazioni, ella viveva la gravidanza e i legami intimi ad essa associati come in gran parte provocanti stress. L'attaccamento prenatale (APN), detto anche bonding, è definito dall'insieme di pensieri che la futura madre ha nei confronti del proprio feto, che aumenta di intensità con l'andamento della gravidanza (Della Vedova, 2008, Barone, 2014). L'APN si configura come un costrutto multidimensionale, sensibile alle misure proposte. Le scale di misura principalmente utilizzate sono la Maternal Antenatal Attachment Scale (MAAS; Condon, 1993) e la Prenatal Attachment Interview (PAI; Muller, 1993), poiché sono risultate con le migliori proprietà psicometriche. (Van den Bergh & Simons, 2009; Wittkowski et al., 2020). La scala MAAS ha messo in evidenza la natura bidimensionale dell'attaccamento prenatale: una componente di 'intensità della preoccupazione' (quanto tempo la madre passa a pensare al feto) e una componente di 'qualità del coinvolgimento' della madre nei confronti del feto (Busonera, 2016, 2017). La scala PAI ha confermato come l'APN non sia un costrutto unitario, ma possa essere composto da 5 fattori: 1) fantasie ("sogno il mio bambino"), 2) interazione ("riesco a far muovere il mio bambino"), 3) affetto ("amo il mio bambino"), 4) differenziazione di sé dal feto ("immagino di chiamare il mio bambino per nome"), 5) condivisione con gli altri ("lascio mettere le mani sulla pancia per far sentire agli altri i movimenti del mio bambino") (Della Vedova, 2008). Barone et al. (2014) hanno sottolineato l'esistenza di un altro fattore detto 'sensibilità al feto', che considera items come "credo che il mio bambino abbia già una personalità".

L'APN sembra essere un predittore significativo del funzionamento della diade madre bambino. Infatti, alti punteggi alle scale che misurano l'APN predicono sia come la madre si prenderà cura del neonato (Maas, 2015; Trombetta et al., 2021), sia come comprenderà adeguatamente gli stati emotivi del proprio bambino (McMahon, 2016). Non è ancora chiaro se e in che modo gli schemi di attaccamento della madre siano predittori dell'attaccamento prenatale durante la gravidanza. Infatti, il sistema di attaccamento implica la presenza di due attori, il bambino che lo attiva, e il caregiver che gli risponde (Readshaw & Martin, 2013, Walsh, 2010). Mentre, durante la gravidanza la relazione è unidirezionale, riguardante le rappresentazioni cognitive e gli stati emotivi riguardo al bambino che arriverà (Readshaw & Martin, 2013; Walsh, 2010 e 2014). Alcune evidenze mostrano come l'attaccamento prenatale possa riflettere un sistema di caregiving (accudimento) piuttosto che di careseeking (attaccamento). Walsh et al. (2014) hanno sottolineato come l'attenzione ai bisogni del partner appare un mediatore dell'influenza negativa dell'attaccamento romantico evitante sull'APN, suggerendo che le relazioni materno-fetali riflettano meglio il funzionamento del sistema di accudimento invece che quello di attaccamento. Ciononostante, è stato dimostrato come le donne che riferivano un APN più elevato durante la gravidanza avevano stili di attaccamento più sicuri e i loro figli avevano uno sviluppo della prima infanzia più ottimale rispetto a quelle donne che riferivano un APN più basso e stili di attaccamento meno sicuri (Alhusen et al., 2013; Mazzeschi, 2015; Bianciardi et al., 2023). Questi risultati suggeriscono che l'APN potrebbe in effetti correlare con il sistema di attaccamento di una madre con il suo bambino non ancora nato. Diversi studi hanno trovato un'associazione tra sintomi depressivi durante la gravidanza e una riduzione dell'APN (Mercer et al., 1988; Alhusen et al. 2012; Brandon et al. 2008; McFarland et al. 2011; Napoli et al., 2020).

Anche se, date le caratteristiche metodologiche degli studi, non è possibile inferire la direzione dell'associazione fra APN e depressione ante-partum, i risultati offrono quindi interessanti informazioni da approfondire. Per esempio, Priel & Besser (1999) hanno suggerito che un maggiore attaccamento materno-fetale funge da moderatore nei soggetti vulnerabili alla depressione: una possibile spiegazione del motivo per cui non tutte le donne con storia o rischio di depressione post-partum diventano depresse. Brandon et al. (2008) hanno attirato l'attenzione sulla relazione significativa tra la componente 'qualità dell'attaccamento materno-fetale', valutato con la MAAS, e i sintomi depressivi ante-partum. Le madri che riferivano una qualità più elevata di attaccamento al feto riferivano una minore gravità dei sintomi depressivi all' Edinburgh Postnatal Depression Scale (EPDS). Nonostante l'APN non sia ancora ben definito, un basso APN è stato messo in relazione a sintomi depressivi post-partum suggerendo l'utilità di inserire la misura dell'APN per la prevenzione della depressione post-partum (Alhusen, 2013).

Le ricerche hanno costantemente dimostrato che stili di attaccamento insicuro sono predittori della sintomatologia depressiva sia durante la gravidanza che nel periodo successivo alla nascita (Rholes et al., 2001; Besser et al., 2002; Feeney, 2003; Rholes & Simpson, 2004; McMahon et al., 2005; Figueiredo et al., 2006; Monk et al., 2008; Warfa et al., 2014; Ikeda et al., 2014; Robakis et al., 2016). Le alterazioni neurochimiche nella depressione perinatale e nell'attaccamento insicuro mostrano una significativa sovrapposizione, indicando che i cambiamenti nei livelli di ossitocina, serotonina, dopamina e cortisolo contribuiscono alla regolazione delle emozioni materne e al comportamento di attaccamento. Queste disfunzioni neurochimiche non solo possono compromettere il legame affettivo tra madre e bambino, ma influenzano anche lo sviluppo della depressione perinatale, il che suggerisce una connessione biologica profonda tra i due fenomeni (Strathearn et al., 2009).

Le tecniche di neuroimaging, in particolare la risonanza magnetica funzionale (fMRI), sono state ampiamente utilizzate per studiare le regioni cerebrali attivate dalle interazioni di attaccamento, come quelle tra madre e neonato, offrendo informazioni preziose sui meccanismi neurali alla base delle emozioni, della regolazione affettiva e delle risposte empatiche. Studi di fMRI hanno mostrato che l'osservazione di immagini del proprio bambino attiva circuiti cerebrali dopaminergici associati alla ricompensa, tra cui il nucleo accumbens, il circuito mesolimbico e la corteccia prefrontale ventromediale, suggerendo un ruolo centrale del sistema di ricompensa nel rinforzo del legame madre-bambino. Osservando i volti sorridenti e piangenti dei propri bambini durante la scansione MRI funzionale, le madri con attaccamento sicuro hanno mostrato una maggiore attivazione delle regioni di ricompensa del cervello, compreso lo striato ventrale e la regione ipotalamo/ipofisi che secerne ossitocina, un neuro-ormone noto per essere strettamente coinvolto nella promozione e nel mantenimento del comportamento materno (Strathearn et al., 2008; 2009). L'attivazione delle aree cerebrali associate alla ricompensa e all'ossitocina è probabilmente il substrato dell'attivazione di un sistema di caregiving sensibile ed efficiente, in grado di promuovere un modello di attaccamento sicuro nella prole (Rilling e Young, 2014). Una maggiore attività nella corteccia prefrontale, nei gangli della base e nelle regioni ipotalamo/ipofisaria è stata segnalata nelle donne sicure rispetto alle donne con attaccamento insicuro (Strathearn et al., 2009; Riem et al., 2012; Lenzi et al., 2013). La maggiore attività nelle aree prefrontali, in particolare nella corteccia orbitofrontale e nella corteccia prefrontale laterale, rappresenta probabilmente l'espressione di una maggiore attivazione del sistema di attaccamento. L'aumento dell'attivazione dei gangli della base suggerisce il coinvolgimento del sistema di ricompensa, in linea con l'ipotesi che i segnali infantili sono segnali salienti in grado di rinforzare e motivare l'attivazione del sistema di accudimento nelle donne con attaccamento sicuro. Le madri con stile di attaccamento insicuro hanno mostrato una ridotta attivazione del sistema di ricompensa mesocorticolimbico della dopamina in risposta ai segnali del viso del bambino, così come una diminuzione della risposta periferica dell'ossitocina al contatto madre-bambino (Strathearn et al., 2011). Questi risultati suggeriscono che uno stile di attaccamento insicuro materno potrebbe essere collegato all'alterato funzionamento dei sistemi dopaminergici e neuroendocrini ossitocinergici. Tuttavia, un altro dato emerso dalle ricerche suggerisce che le alterazioni nei circuiti neurali dell'attaccamento non riguardano esclusivamente il sistema di ricompensa del cervello. In particolare, nella maggior parte degli studi è stata riscontrata una maggiore attività nelle aree limbiche e paralimbiche (cingolato anteriore, insula, ippocampo, giro paraippocampale e polo temporale), deputate all'attivazione emotiva e all'espressione di meccanismi di pulsione istintuale, nei soggetti con stile di attaccamento insicuro, rispetto ai soggetti sicuri (Lenzi et al., 2009, 2013; Strathearn et al., 2009; Riem et al., 2012). Riem et al. (2012) si sono concentrati a priori sull'attività dell'amigdala in un gruppo di 21 donne nullipare che ascoltavano il pianto dei neonati. I ricercatori hanno scoperto che le donne che erano state classificate come insicure attivavano notevolmente l'amigdala rispetto alle donne sicure. È stato ipotizzato che l'aumentata attivazione delle regioni limbiche e paralimbiche nei soggetti insicuri rappresenti il correlato neurale della disregolazione affettiva, probabilmente dovuta alla riattivazione delle memorie infantili del rifiuto dei genitori verso i propri bisogni di attaccamento. Questa disregolazione emotiva è supportata anche dai risultati di una maggiore attività nelle aree legate all'empatia, cioè le aree specchio (corteccia premotoria, giro frontale inferiore) quando le donne con attaccamento insicuro osservano/entrano in empatia con i volti dei bambini (Lenzi et al., 2013). L'importante ruolo dell'amigdala è stato confermato in un ulteriore studio su madri con traumi irrisolti, che hanno mostrato una ridotta risposta bilaterale dell’amigdala quando osservavano la tristezza dei propri bambini, rispetto alla felicità, rispetto alle madri senza traumi (Kim et al., 2014). Apparentemente in contrasto con altri risultati, è la ridotta risposta dell'amigdala nei soggetti con trauma irrisolto è stata interpretata come un meccanismo di soppressione emotiva che protegge le madri con traumi irrisolti dal rivivere ricordi traumatici (Lenzi et al., 2015). La ricerca sulle basi neurali dell’attaccamento è ancora agli inizi e sono necessari ulteriori dati per confermare questi risultati in coorti più ampie di donne, possibilmente includendo simultaneamente tutti i diversi modelli di attaccamento. Tuttavia, in questa sede è importante sottolineare che i meccanismi dell'attaccamento condividono numerosi correlati neurali con la depressione perinatale. Le tecniche di neuroimaging hanno fornito una visione senza precedenti sui processi neurali alla base dell'attaccamento e della depressione perinatale. Queste scoperte sottolineano la profonda interconnessione tra il cervello sociale e le dinamiche di regolazione emotiva, evidenziando come la disfunzione in questi circuiti possa avere conseguenze significative sia per l'attaccamento madre-bambino sia per lo sviluppo della depressione perinatale. Numerosi studi di neuroimaging hanno esplorato i correlati neurali della depressione perinatale, identificando circuiti cerebrali disfunzionali associati alla regolazione emotiva, alla ricompensa e all'empatia. In particolare, è stata osservata una abnorme attivazione nelle aree cerebrali legate alla ricompensa e all'elaborazione emotiva (come il nucleo accumbens, l'amigdala e la corteccia prefrontale). L'amigdala è una regione centrale nella gestione delle emozioni e delle risposte allo stress. Studi di neuroimaging hanno dimostrato che le donne con depressione perinatale mostrano un'iperattivazione dell'amigdala in risposta a stimoli emotivi negativi, come il pianto del bambino, suggerendo una maggiore sensibilità allo stress e una ridotta capacità di modulare le emozioni (Laurent & Ablow, 2012). La corteccia prefrontale dorsolaterale (dlPFC) e la corteccia prefrontale ventromediale (vmPFC) sono coinvolte nella regolazione delle emozioni e nella capacità di pianificare risposte comportamentali. Nelle donne con depressione perinatale, si è osservata una ridotta attivazione di queste aree, soprattutto durante compiti che richiedono la regolazione emotiva (in risposta a volti emotivi negativi), suggerendo una difficoltà a gestire le emozioni stressanti legate alla maternità (Moses-Kolko et al., 2014). Lo striato ventrale, che include il nucleo accumbens, è fondamentale per il sistema di ricompensa e la percezione del piacere. La depressione perinatale è associata a una riduzione dell'attivazione di quest'area durante interazioni positive con il bambino, come guardare il proprio bambino sorridere (Moses-Kolko et al., 2008). Questi studi evidenziano come la depressione perinatale sia caratterizzata da alterazioni nelle aree cerebrali coinvolte nella regolazione delle emozioni e nelle dinamiche di ricompensa. Questi stessi circuiti sembrano essere alterati nelle madri con stili di attaccamento insicuro, suggerendo una forte sovrapposizione tra i meccanismi neurali alla base della depressione perinatale e dell'attaccamento insicuro. In particolare, le disfunzioni nel sistema di ricompensa suggeriscono che le madri affette da depressione potrebbero non provare il normale senso di gratificazione che accompagna la cura del neonato, contribuendo ai sentimenti di distacco e la mancanza di piacere e interesse per le interazioni con il bambino, fenomeno noto come anedonia materna (Laurent et al., 2012; Strathearn et al., 2009).

È un dato ormai consolidato che le madri con stili di attaccamento insicuro siano maggiormente vulnerabili allo sviluppo di depressione perinatale. Tuttavia, mentre alcuni autori hanno sottolineato come uno stile di attaccamento insicuro abbia un impatto negativo sugli aspetti dell'esperienza della gravidanza, altri hanno evidenziato l'influenza degli schemi di attaccamento insicuro anche sull'umore perinatale complessivo. Alcuni elementi che caratterizzano la depressione perinatale, quali l'autostima carente, la mancanza di senso di sicurezza, il basso livello di autoefficacia percepita e la difficoltà nell'instaurare e mantenere relazioni supportive con le figure più intime e vicine, possono essere intesi come indicatori di una scarsa capacità di autoregolare e regolare interattivamente le emozioni che deriverebbe dalle relazioni di attaccamento primario. Le madri con attaccamento disorganizzato, caratterizzato da comportamenti confusi o contraddittori nelle relazioni, possono essere a rischio di sviluppare una depressione perinatale più grave (Lyons-Ruth et al., 1996). Le donne con attaccamento ansioso, che temono il rifiuto o l'abbandono nelle relazioni, sono a maggior rischio di sviluppare depressione prenatale. Questo stile di attaccamento può intensificare l'ansia durante la gravidanza, portando a un maggiore rischio di sintomi depressivi e influenzando negativamente la capacità della madre di costruire un attaccamento positivo con il bambino (Gerwitz et al., 2007). Lo stile relazionale ansioso è un predittore indipendente di depressione prenatale, anche nel contesto di altri fattori di rischio, come un episodio pregresso di depressione, ansia, scarso supporto sociale, numero di figli e istruzione (Monk et al., 2008). Alcuni dati suggeriscono, invece, che uno stile di attaccamento insicuro è significativamente associato al rischio di depressione post-partum, al di là di fattori di rischio come con una storia di disturbi dell'umore o di sintomi depressivi prenatali (Robakis et al., 2016). Tuttavia, ciò che rimane sconcertante riguardo agli studi disponibili è che mentre non vi sono dubbi nel collegare l'attaccamento insicuro con la DP, i dati sono oltremodo inconsistenti rispetto a quale sia lo specifico pattern di attaccamento insicuro che determina una maggiore vulnerabilità. Ad esempio, Bifulco et al. (2004) hanno evidenziato come l'attaccamento insicuro-evitante rappresenti un predittore maggiore di depressione rispetto ad uno stile ansioso. Al contrario, Monk et al. (2008) e Rholes et al. (2011) hanno scoperto che tutti gli stili di attaccamento insicuro aumentavano il rischio di PD senza differenze significative tra i sottotipi di attaccamento insicuro. La questione se particolari sottotipi di attaccamento insicuro siano più fortemente correlati ai sintomi depressivi pre- o postnatali rimane aperta. Simpson et al. (2003) hanno scoperto che lo stile di attaccamento insicuro-ambivalente, ma non lo stile insicuro-evitante, era associato ad un aumento della depressione postnatale. Al contrario, altri ricercatori hanno trovato che lo stile insicuro-ambivalente era particolarmente importanti nel periodo prenatale, avendo un impatto negativo sulla qualità della relazione con il partner e gli altri significativi (Feeney, 2003; Simpson et al., 2003).

Lo studio dell'attaccamento nell'adulto è molto dibattuto relativamente alla concettualizzazione delle dimensioni d'interesse, argomento strettamente connesso a quello della misurazione. Esistono diversi strumenti di valutazione validati per misurare l'attaccamento in diverse fasce di età e contesti. I principali strumenti di valutazione dell'attaccamento nell'adulto sono riportati in tab.1. Questi strumenti sono essenziali per comprendere come le relazioni di attaccamento influenzino lo sviluppo emotivo e sociale.

Tab.1 Strumenti di valutazione dell'attaccamento nell'adulto

Adult Attachment Interview (AAI) (George et al., 1985)	L'Adult Attachment Interview (AAI) è un'intervista strutturata utilizzata per valutare lo stile di attaccamento negli adulti, che riflette il modo in cui gli individui parlano delle loro esperienze di attaccamento infantili. L'AAI permette di classificare gli adulti in categorie di attaccamento: sicuro, distaccato, preoccupato e non risolto
Experiences in Close Relationships (ECR) (Brennan et al., 1998)	L'Experiences in Close Relationships (ECR) è un questionario per adulti che misura l'attaccamento romantico attraverso due dimensioni principali: ansia e evitamento. Il questionario esplora il grado di comfort nella vicinanza emotiva e la preoccupazione per il rifiuto nelle relazioni sentimentali
Attachment Style Questionnaire (ASQ) (Feeney et al., 1994)	L'Attachment Style Questionnaire (ASQ) è un altro strumento di auto-valutazione che misura gli stili di attaccamento negli adulti. Valuta cinque dimensioni chiave che riflettono l'attaccamento sicuro, preoccupato, evitante e distanziante, fornendo una visione globale delle relazioni interpersonali

Alla fine degli anni Novanta, diversi ricercatori avevano messo in evidenza come le principali tipologie classiche di attaccamento fossero, in realtà, riconducibili a due tipologie di attaccamento insicuro negli adulti: attaccamento ansioso e attaccamento evitante. La natura dell'attaccamento ansioso è caratterizzata da un meccanismo di attaccamento eccessivamente attivo che si traduce in una continua ricerca di rassicurazione e consolazione. D'altra parte, l'attaccamento evitante è definito da un meccanismo di attaccamento meno attivo, che porta ad una continua soppressione dei bisogni legati alle connessioni psicologiche e sociali. Ciò promuove una disposizione negativa verso gli altri (Brennan et al., 1998). Una prospettiva concettuale bidimensionale era peraltro già presente nei lavori di Ainsworth relativi al legame caregiver-bambino (Ainsworth et al. 1978). A partire dall' ipotesi delle due dimensioni, i ricercatori hanno quindi costruito due scale, quella dell'Ansia e la scala dell'Evitamento, ciascuna composta da 18 item, che presentavano elevati valori di coerenza interna. Nel complesso, i 36 item così individuati compongono un questionario self-report, denominato Experiences in Close Relationships Scale (ECR), che si propone di indagare sentimenti e comportamenti correlati all'attaccamento, attraverso una lista di affermazioni che si raggruppano lungo le due dimensioni Ansia rispetto all'abbandono ed Evitamento della vicinanza Brennan et al. (1998). Nell'ECR, il soggetto è chiamato ad esprimere, su una scala Likert a sette passi (da 1 = fortemente in disaccordo a 7 = fortemente in accordo), il proprio grado di accordo relativo a ciascuna delle 36 affermazioni di cui il questionario si compone. Il questionario è caratterizzato da ottime proprietà psicometriche e, dal 1998 in poi, è stato ampiamente utilizzato, nonché tradotto e validato in diverse lingue (Picardi et al., 2000, 2002). Uno stile di attaccamento insicuro (ECR ansioso ed evitante) possono rappresentare fattori di rischio significativi per lo sviluppo di una depressione perinatale (Aceti et al., 2015). Meuti et al. (2015), utilizzando l'ECR, hanno riscontrato che la gravità della depressione perinatale aumenta con l'aumentare delle dimensioni Evitamento e Ansia. Lo studio di Rholes et al. (2011) ha suggerito che nelle donne la relazione tra con attaccamento ansioso e sintomi depressivi perinatali potrebbero essere moderati da variabili legate alla relazione con il partner: quando percepiscono che il loro partner non è disposto a fornire supporto, quando percepiscono di essere bersaglio di reazioni negative da parte del partner, quando credono che il rapporto con il partner sia meno stretto. I moderatori della relazione tra attaccamento evitante e depressione sono molto diversi da quelli che moderano la relazione ansia-depressione. I risultati suggeriscono che le variabili che innescano i sintomi depressivi in persone altamente evitanti durante la transizione alla genitorialità non sono associati allo stress derivante dalla loro relazione romantica. Invece, aspetti del ruolo genitoriale appaiono moderare il legame evitamento-depressione. Le persone più evitanti sono meno certe di voler diventare genitori, sono più angosciate quando si prendono cura dei bambini piccoli e trovano la cura dei bambini meno soddisfacente. È probabile che la percezione che il bambino possa interferire con la relazione romantica con il partner o la propria libertà svolga un ruolo fondamentale nel generare sintomi depressivi nelle persone evitanti. Fraley et al. (2000) hanno realizzato una versione riveduta del questionario, denominato Experiences in Close Relationships–Revised (ECR-R) con proprietà psicometriche migliori rispetto alla versione originaria (Busonera et al., 2016; Fairchild et al., 2016). Lo sviluppo del questionario ECR-R ha rappresentato certamente un progresso nella misurazione dell'attaccamento adulto. A partire dal 2000, studiosi di diverse nazionalità hanno quindi utilizzato l'ECR-R nelle loro ricerche. In particolare, il questionario ha consentito di valutare i comportamenti di attaccamento nelle ricerche sul ruolo svolto dagli stili di attaccamento nella depressione perinatale (Iles et al., 2011; Aceti et al., 2015; Marques et al., 2018). Iles et al. (2011) hanno riscontrate correlazioni positive significative tra l'ansia, l'evitamento e i sintomi di stress post-traumatico e depressione. Lo studio condotto da Marques et al. (2018) ha mostrato che entrambe le dimensioni (ansia ed evitamento), che connotano gli stili di attaccamento insicuro, misurati con l'ECR-R, erano associate a livelli più elevati di sintomi di depressione post-partum, sia direttamente che indirettamente, attraverso la difficoltà di regolazione delle emozioni. Recentemente, Bianciardi et al. (2020) hanno misurato le dimensioni dell'attaccamento mediante l'Attachment Style Questionnaire (ASQ) che esplora le dimensioni dell'attaccamento legate alla dipendenza, alla fiducia e all'autosufficienza nelle relazioni intime (Feeney et al., 1994). I risultati dello studio hanno messo in evidenza che la dimensione 'bisogno di approvazione', caratterizzata da una bassa fiducia in sé stessi e da un'eccessiva dipendenza dagli altri aumentava il rischio di depressione prenatale, mentre la dimensione 'preoccupazione relazionale', caratterizzato da una mancanza di fiducia in sé stessi o negli altri, era legata alla depressione postnatale. Terrone et al., (2023), utilizzando il questionario ECR, hanno studiato come gli stili di attaccamento della madre, possano influenzare lo sviluppo di sintomi depressivi nel peri-partum. I punteggi bassi nella dimensione evitamento ed elevati nella dimensione ansia erano i predittori più forti di sintomi depressivi post-partum, mentre non esisteva una relazione tra attaccamento e depressione prenatale. In generale sarà difficile risolvere queste disparità in letteratura senza un maggiore accordo tra i ricercatori sulle misure ottimali e sui sottotipi di orientamento dell'attaccamento da utilizzare nella popolazione perinatale.

Il trauma gioca un ruolo significativo nello sviluppo e nella gravità della depressione perinatale. Esperienze traumatiche significative che precedono la gravidanza includono una storia di trauma infantile, l'abuso domestico o le violenze che influenzano la capacità di gestire lo stress durante la gravidanza. Le donne che sperimentano un trauma durante la gravidanza sia esso fisico o emotivo, possono sviluppare una serie di sintomi psicologici e disturbi, tra cui problemi di attaccamento con il bambino dopo la nascita. Il trauma legato al parto può derivare da una serie di fattori, inclusi complicazioni mediche, percezione di perdita di controllo, interventi medici invasivi e l'intensità del dolore. Anche un parto clinicamente normale può essere percepito come traumatico a seconda delle circostanze individuali e del supporto ricevuto. In alcuni casi, il trauma non deriva solo dall'evento fisico del parto, ma anche dal modo in cui la donna è stata trattata dal personale sanitario. Questo fenomeno è conosciuto come violenza ostetrica, che comprende trattamenti irrispettosi, manipolativi o coercitivi durante il travaglio e il parto. Esempi di violenza ostetrica includono: mancanza di consenso informato per gli interventi medici; forzare o negare l'anestesia contro la volontà della madre; commenti inappropriati o minimizzazione del dolore della madre; procedure invasive senza spiegazioni adeguate o senza il tempo di elaborare quanto sta accadendo. La relazione tra trauma e depressione perinatale è complessa e può essere vista attraverso diversi meccanismi e fattori di rischio (Niolu et al., 2016). Ciò che a noi interessa sottolineare in questa sede è la correlazione tra esperienze traumatiche e le dinamiche di attaccamento. Le donne che hanno vissuto traumi infantili significativi (abuso sessuale o fisico) possono sviluppare stili di attaccamento insicuri, che influenzano negativamente la loro esperienza di maternità e contribuiscono alla depressione perinatale (Herman, 1997). Le prime esperienze di attaccamento influenzano profondamente la capacità di regolare le emozioni, di formare relazioni e di affrontare lo stress. Quando queste esperienze sono caratterizzate da trauma, come abuso, negligenza o violenza, può emergere uno stile di attaccamento disorganizzato. In questi casi, il bambino sperimenta il caregiver come fonte sia di conforto che di paura. Questo provoca confusione e difficoltà nella gestione delle emozioni e nel comportamento relazionale. Le donne con attaccamento disorganizzato che deriva da traumi infantili possono mostrare comportamenti contraddittori, come cercare conforto e allo stesso tempo respingerlo e sono particolarmente vulnerabili a sviluppare una depressione perinatale. Il disturbo post-traumatico da stress (PTSD) può svilupparsi dopo un'esperienza estremamente stressante o traumatica, come un parto complicato, una gravidanza difficile o eventi traumatici avvenuti durante la gravidanza (ad esempio, abusi sessuali o fisici). Il trauma legato al parto è una delle cause più comuni di PTSD perinatale. Le donne con stili di attaccamento insicuro sono particolarmente vulnerabili a sviluppare PTSD perinatale. Il PTSD perinatale, a sua volta, aumenta la probabilità di sviluppare depressione post-partum, creando un ciclo di difficoltà emotive che può avere effetti negativi sia sulla madre che sul bambino. La relazione tra attaccamento, PTSD e depressione perinatale evidenzia l'importanza di affrontare i traumi e i disturbi dell'attaccamento durante la gravidanza e il post-partum (Hesse & Main, 2000). La terapia EMDR (Eye Movement Desensitization and Reprocessing) è particolarmente efficace per il trattamento del trauma. Aiuta a rielaborare i ricordi traumatici in modo che non provochino più sintomi di PTSD, riducendo anche il rischio di depressione. Interventi Focalizzati sull'Attaccamento. Interventi focalizzati sull'attaccamento che mirano a rafforzare il legame madre-bambino possono aiutare le madri con stili di attaccamento disfunzionali a sviluppare una relazione più sicura con il proprio bambino, migliorando anche i loro sintomi depressivi e di ansia. Un sistema di supporto sociale e psicologico solido, che includa familiari, amici e professionisti della salute mentale, è, infine, essenziale per migliorare il benessere emotivo e ridurre il rischio di depressione perinatale nelle donne con storia di traumi, difficoltà di attaccamento, PTSD perinatale.

5. Il ruolo degli stili di coping

Il concetto di coping è stato introdotto per la prima volta dallo psicologo americano Richard Lazarus negli anni ’60 e successivamente rielaborato da Susan Folkman (Lazarus & Folkman, 1984). Il termine viene utilizzato per descrivere gli sforzi cognitivi e comportamentali per gestire, controllare e ridurre conflitti, situazioni stressanti o eventi problematici, che sono valutati come gravosi o eccedenti le risorse personali. Le strategie di coping sono dunque risposte di fronteggiamento che comprendono azioni sia cognitive che comportamentali volte a controllare l’impatto emotivo e psicologico scaturito dagli eventi stressanti. Il termine coping fa riferimento una caratteristica approssimatamene stabile della personalità, la quale determina le differenze individuali nella gestione degli eventi stressanti e traumatici della vita (Eckenrode, 1991). Di fronte allo stress è possibile osservare come le persone reagiscano in maniera completamente diversa l’una dall’altra. Ad esempio, di fronte ad un problema c’è chi tende ad analizzarlo per comprenderlo meglio ed elabora delle strategie per intervenire direttamente sul problema, chi cerca di modificare l’impatto emozionale negativo dell’evento, chi ricerca il supporto altrui. Reazioni tanto diverse sono riconducibili alla valutazione cognitiva della situazione stressante e alle differenti strategie di coping utilizzate dalla singola persona. Secondo i ricercatori (teoria cognitivo-transazionale) è possibile distinguere diversi momenti nelle valutazioni cognitive: l’appraisal primario consiste in una prima valutazione rispetto all’importanza di un evento, che può essere interpretato come dannoso o pericoloso. Con l’appraisal secondario, invece, si esaminano le modalità con cui l’individuo può far fronte alla situazione e vengono individuate e attivate le strategie di coping. Al termine di queste prime due fasi si effettua una rivalutazione della situazione (reappraisal), in cui si considerano gli esiti e l’efficacia delle strategie utilizzate. Piuttosto che l’evento in sé, dunque, è la valutazione cognitiva che definisce l’evento come stressante e determina una risposta di fronteggiamento volte a controllare l’impatto emotivo e psicologico scaturito dall’evento stressante. L’evento sarà tanto più stressante quanto più l’individuo si percepirà inadeguato e incapace di fronteggiarlo (Folkman & Lazarus,1991).

Non esiste una classificazione unanime delle strategie di coping. Sono state proposte numerose classificazioni. Una prima distinzione è quella avanzata da Lazarus e Folkman, che hanno proposto due categorie principali: 1) problem-focused coping (coping orientato al problema); 2) emotion-focused coping (coping orientato all’emozione). Il coping orientato al problema consiste nel tentativo di risolvere la situazione stressogena o ridurre il rischio di conseguenze dannose. Le persone che adottano questo approccio cercano soluzioni per gestire la situazione (coping attivo). Lo fanno reperendo informazioni sul problema, apprendendo nuove competenze per gestirlo, pianificando azioni volte a fronteggiare il motivo di stress. Il coping incentrato sulle emozioni è invece volto a regolare le proprie reazioni emotive generate dalla situazione stressante. Concentrandosi sulla gestione dei propri sentimenti l'individuo tenta di modificare l'impatto emozionale negativo dell'evento. Un tale stile di coping comprende un'ampia gamma di risposte: ricerca di supporto emotivo, rivalutare in positivo la situazione, sviluppare misure di autocontrollo, accettare eventuali colpe o responsabilità di quanto è successo, sdrammatizzare facendo dell'umorismo, esprimere emozioni negative (ad esempio, urlare, piangere). È la valutazione cognitiva dell'evento, piuttosto che l'evento in sé, che determina l'utilizzo di queste due diverse modalità di coping da parte dell'individuo. Se la situazione è ritenuta suscettibile di cambiamento e l'individuo si percepisce in grado di controllarla, è più probabile che vengano impiegate strategie centrate sul problema, mentre se la situazione viene valutata come non modificabile e l'individuo si percepirà inadeguato e incapace di fronteggiarlo è maggiore la probabilità che vengano utilizzate strategie centrate sull'emozione (Lazarus e Folkman, 1984). Nel 1990 Norman S. Endler e James Parker (Endler & Parker, 1990) hanno proposto una terza strategia di coping: Avoidance Coping (coping centrato sull'evitamento). Questa strategia consiste nel tentativo di ignorare o allontanare l'evento stressante e le emozioni a esso connesse, ricorrendo a delle distrazioni. L'individuo si impegna in attività che distolgono la sua attenzione dal problema, come ad esempio la pratica di esercizio fisico, la procrastinazione, la negazione. Talvolta vengono messi in atto comportamenti nocivi per la salute come l'abuso di alcol, droghe o fumo come via di fuga dai problemi.

Un altro criterio che è stato utilizzato per la classificazione delle capacità di coping è la distinzione tra strategie di coping finalizzate all'approccio (engagement), ovvero non solo fronteggiare la minaccia, ma anche essere vigili sulle informazioni ad essa relative e strategie finalizzate al disimpegno (disengagement) (Moos & Schaefer 1993, Roth & Cohen 1986, Skinner et al. 2003). Il coping finalizzato all'approccio include la focalizzazione sul problema e alcune forme di focalizzazione sulle emozioni: ricerca di supporto, regolazione delle emozioni, accettazione e ristrutturazione cognitiva. Il coping finalizzato al disimpegno include risposte come l'evitamento, la negazione e il pensiero desideroso (wishful thinking). Il wishful thinking è caratterizzato dalla focalizzazione sulle emozioni piacevoli, per cui si tende a crearsi convincimenti e prendere decisioni facendosi dirigere da ciò che più può essere piacevole, gradito o appagante dal punto di vista del soggetto (desiderio) invece di basarsi sulla realtà e il giudizio razionale. Nonostante l'obiettivo sia quello di sfuggire all'angoscia, il coping improntato al disimpegno è generalmente inefficace nel ridurre il disagio. Anzi, per molti stress, l'evitamento e la negazione può favorire un aumento paradossale dell'intrusività pensieri sul fattore di stress e un aumento di umore negativo e ansia (Najmi & Wegner, 2008). Il concetto di disengagment è stato esteso per includere anche la rinuncia agli obiettivi che sono minacciati dal fattore di stress (Carver et al.1989).

Le strategie di coping rappresentano un processo dinamico di adattamento alla situazione stressante. Esse possono assumere una valenza funzionale/adattiva o disfunzionale/disadattiva: a seconda del tipo di problema o di stress che l'individuo si trova ad affrontare. Se la strategia risulta funzionale (efficace) può migliorare e limitare la portata stressogena dell'evento, se è invece disfunzionale può contribuire all'alimentazione dello stress percepito. Il coping orientato alla risoluzione del problema e finalizzato all'approccio sono generalmente visti come modalità adattive di coping che prevedono la pianificazione attiva o l'adozione di un comportamento specifico per superare la situazione stressogena. Alcune strategie di coping incentrate sulle emozioni sono generalmente considerate come strategie adattive, come per esempio la ricerca di sostegno sociale da parte di altri, l'umorismo, l'utilizzo di tecniche di rilassamento. Al contrario il coping evitante e le strategie finalizzate al disimpegno (negazione del problema, disimpegno comportamentale) sono considerate disadattive e disfunzionali (Holahan & Moos, 1987). Sono considerate strategie disadattive anche i cosiddetti comportamenti di 'sicurezza' (safety behaviors). Un esempio di tali comportamenti è quello di cercare scuse per sfuggire a una situazione potenzialmente stressante. Il coping evitante, le strategie finalizzate al disimpegno e i safety behaviors possono ridurre l'ansia nell'immediato e nel breve termine, ma diventare disadattivi nel lungo termine, prolungando l'ansia e la paura verso situazioni che normalmente non sono minacciose. Occorre tener a mente, tuttavia, che, in linea generale, non è possibile affermare che alcune strategie siano assolutamente utili ed altre assolutamente dannose, poiché una strategia potrebbe rivelarsi utile in una determinata situazione ma non in un'altra. Per esempio, l'evitamento non è sempre un meccanismo disadattivo perché in alcune circostanze può avere dei benefici. Alcune ricerche riportate sottolineano che, in determinate situazioni, alcune tecniche di evitamento (correre o meditare) possono risultare efficaci per la riduzione dello stress quando non si hanno mezzi per affrontare direttamente il problema o mentre ci si prepara a trovare soluzioni definitive. La cosa importante è che il coping evitante non diventi un'abitudine, ma ci si ricorra solo quando si è certi che la situazione si estinguerà naturalmente o mentre ci si prepara a cercare una soluzione migliore.

La relazione tra coping e psicopatologia è ampiamente studiata poiché il modo in cui le persone affrontano lo stress e le difficoltà può influenzare significativamente lo sviluppo e il mantenimento di vari disturbi psicologici. Le strategie di coping possono essere adattive o disadattive, e queste ultime sono spesso associate a un aumento del rischio di psicopatologia. Al contrario, le strategie di coping adattive, come la risoluzione di problemi e il supporto sociale, favoriscono la resilienza e proteggono dalla psicopatologia. La depressione è frequentemente collegata a strategie di coping inefficaci, come la ruminazione, che amplifica i sintomi depressivi. La ruminazione, una strategia disadattiva in cui l'individuo si concentra in modo ossessivo sugli aspetti negativi di una situazione, è stata ripetutamente associata all'insorgenza e al mantenimento della depressione (Nolen-Hoeksema, 1991). Alcuni studi hanno suggerito che l'uso di stili di coping focalizzati sulle emozioni e al disimpegno in risposta ad alcuni tipi di fattori di stress può essere un fattore di rischio per lo sviluppo di disturbi affettivi (Matheson & Anisman, 2003). Infatti, è stato dimostrato che strategie disadattive focalizzate sulle emozioni o al e al disimpegno come lo sfogo, la negazione, l'uso di sostanze, il disimpegno comportamentale, l'auto-distrazione e l'auto-colpa sono associate a livelli più elevati di ansia e depressione sia in ambito non clinico (Whatley et al. 1998; Kelly et al. 2008) che in campioni clinici (Ravindran et al. 1996; Roy-Byrne et al. 1992; Aldao et al. 2010).

Lo stress percepito (l'interpretazione soggettiva di eventi stressanti) e le strategie di coping (i comportamenti o i pensieri utilizzati per affrontare lo stress) sono variabili che influenzano i meccanismi di adattamento allo stress nelle madri nel periodo perinatale (Razurel et al., 2013). La relazione tra lo stress percepito e le strategie di coping è stata ampiamente studiata, soprattutto in contesti come la gravidanza e il postpartum. Secondo la teorizzazione di Folkman & Lazarus (1991) è la valutazione cognitiva dell'evento, piuttosto che l'evento in sé, che determina l'utilizzo di diverse strategie di coping disfunzionali. Quindi è possibile che le donne con depressione perinatale percepiscano l'esperienza della gravidanza, del parto e del puerperio come un evento stressante che non può essere modificato e risolto (Faisal-Cury et al., 2004). Queste ipotesi sono state ampiamente verificate. I risultati di una revisione della letteratura hanno indicato che lo stress percepito dalle donne nel periodo perinatale, valutato da diversi strumenti riguardanti svariati ambiti della genitorialità: la scala dello stress percepito (PSS; Cohen, Kamarck & Mermelstein, 1983); il Parenting Stress Index (PSI; Loyd & Abidin, 1985); il Coping Strategies Inventory (CSI; Cutrona, 1983); the Postpartum Depression Predictors Inventory-Revised (PDPI-R; Beck, Records, & Rice, 2006); the Hung Postpartum Stress Scale (HPSS; Hung, 2004), era correlato negativamente alla salute mentale delle madri. Lo stress percepito durante la gravidanza era associato a sintomi depressivi prenatali e durante il periodo postpartum, compreso il primo postpartum. Allo stesso modo, lo stress percepito dopo il parto era associato a sintomi depressivi postnatali (Razurel et al., 2013). La natura degli eventi stressogeni giocava un ruolo nell'associazione tra questi eventi e la depressione. Ad esempio, lo stress causato dalla cura dei bambini non era correlato ai sintomi depressivi postpartum, mentre lo stress associato al ruolo genitoriale era associato a sintomi depressivi postpartum. Le discrepanze tra i risultati di alcuni studi potrebbero essere spiegate dal fatto che la maggior parte degli autori utilizzava scale di valutazione dei livelli di stress in risposta ad un'ampia gamma di stimoli emotivi ed ambientali oppure scale focalizzate su un solo fattore di stress (ad esempio, centrato sulla cura dei bambini), che non indicava se determinati eventi erano più legati di altri al benessere materno. A proposito dei fattori di stress durante il periodo perinatale Ayers et al. (2019) hanno riportato che preoccupazioni espresse dalle donne durante la gravidanza riguardavano la salute, il travaglio e la nascita del loro bambino e l'impatto del bambino sulle loro relazioni. Alcuni fattori di stress unici per la gravidanza includono preoccupazioni per la salute del bambino, cambiamenti fisici, paura del parto e cambiamenti di ruolo. Questi stressor possono variare in base a fattori sociali, economici e culturali (Lobel et al., 1992). Tuttavia, la maggior parte delle preoccupazioni espresse dalle donne riguardano il periodo post-partum (ad esempio, nascita, allattamento al seno, salute del bambino) (Ayers et al., 2019). Walker et al. (2022; 2024) hanno recentemente messo in evidenza che il sovraccarico (overload), definito dall'avere troppe responsabilità per il tempo a disposizione, sia stato il principale fattore di stress riportato dalle donne durante il periodo perinatale, con un picco dei livelli di stress tra i 9 e i 12 mesi dopo il parto e sovraccarico più elevato per due gruppi demografici: le donne impiegate a tempo pieno e quelle con più di un figlio, che aumentava il carico di responsabilità delle donne. Questi importanti risultati forniscono indicazioni per l'assistenza sanitaria e gli interventi comunitari finalizzati a promuovere la salute delle donne sotto stress dopo il parto. Per comprendere come le donne affrontano lo stress durante la gravidanza e il postpartum, sono stati sviluppati o adattati diversi strumenti per misurare le strategie di coping perinatale (Tab. 2).

Le donne che percepiscono alti livelli di stress tendono a adottare strategie di coping disfunzionali come, per esempio, quelle focalizzate sull'emozione (la ricerca di supporto emotivo o il ritiro emotivo) per gestire le ansie legate alla salute del bambino e al parto. Queste strategie possono essere utili nel breve termine ma meno efficaci nel risolvere il problema sottostante (Folkman & Lazarus, 1985). La relazione tra stress percepito e coping è dinamica, nel senso che lo stress può influenzare le strategie di coping utilizzate e, viceversa, le strategie di coping possono modificare la percezione dello stress. Un coping adattivo può abbassare la percezione dello stress, mentre un coping disfunzionale può aumentarne la percezione. Questo ciclo può avere un impatto diretto sul benessere emotivo e fisico (Lazarus & Folkman, 1984). Per esempio, l'uso di strategie di coping evitante, come ignorare i problemi o evitare il pensiero dello stress, è correlato a un aumento dello stress percepito a lungo termine (Carver et al., 1989). Il modo in cui le donne affrontano lo stress e le sfide legate alla gravidanza e al post-partum gioca, dunque, un ruolo cruciale nel determinare lo sviluppo, la gravità e la durata dei sintomi depressivi. L'uso di strategie di strategie inefficaci può amplificare lo stress percepito e contribuire a esiti negativi. Al contrario, l'uso di strategie di coping efficaci, come il supporto sociale o la pianificazione, può mitigare gli effetti dello stress sulla salute mentale e fisica, riducendo l'incidenza di disturbi come la depressione post-partum (Yali & Lobel, 1999). Le principali modalità di coping disfunzionale, associate alla depressione perinatale, comprendono l'evitamento; la ruminazione; l'uso di sostanze; la negazione; l'autocolpevolizzazione; comportamenti iperprotettivi o di controllo. L'evitamento delle situazioni stressanti e l'isolamento sociale sono comuni tra le donne con depressione perinatale. Tuttavia, queste strategie possono alimentare la solitudine, aumentare l'ansia e prolungare la sofferenza, impedendo alle madri di ricevere il supporto di cui hanno bisogno (Milgrom et al., 2008; Oddo-Sommerfeld et al., 2016). La tendenza a ruminare, ossia a ripetere continuamente pensieri negativi e angoscianti, è una strategia di coping disfunzionale che peggiora la depressione. Le donne che ruminano su eventi stressanti o sui propri sentimenti di inadeguatezza sono più inclini a sviluppare depressione perinatale (O'Mahen et al., 2010). Alcune donne con depressione perinatale possono ricorrere a comportamenti autodistruttivi, come l'abuso di alcol o di farmaci. Questo tipo di coping disfunzionale, oltre a peggiorare i sintomi della depressione, può avere gravi ripercussioni sulla salute del feto o del bambino (Lancaster, et al., 2010). Molte donne con depressione perinatale sviluppano un modello di auto-colpevolizzazione, in cui si attribuiscono la responsabilità di qualsiasi difficoltà o sentimento negativo legato alla maternità. Questo aumenta il senso di fallimento e inadeguatezza, alimentando il ciclo depressivo (Cutrona et al., 1986). La negazione dei sintomi o delle difficoltà legate alla depressione perinatale è una forma di coping disfunzionale che impedisce di cercare aiuto o ricevere cure adeguate. Molte donne tendono a minimizzare o ignorare i propri sintomi per paura di essere giudicate (Beck, 2002). Alcune donne con depressione perinatale possono sviluppare comportamenti iperprotettivi o eccessivamente controllanti nei confronti del neonato, nel tentativo di compensare il proprio senso di insicurezza o incapacità. Questi comportamenti, però, aumentano lo stress e l'ansia, peggiorando i sintomi depressivi (Goodman, 2004). L'uso di queste strategie disfunzionali non solo prolunga la sofferenza della madre, ma può anche interferire con lo sviluppo del legame madre-figlio e la salute mentale del bambino, aumentando il rischio di difficoltà comportamentali e psicologiche nel futuro. Numerosi studi suggeriscono che strategie di coping disfunzionali possono essere un fattore di rischio per lo sviluppo di depressione sia durante la gravidanza che durante il periodo post-natale. De Tychey et al. (2005) hanno seguito 277 donne francesi, incinte, durante il periodo prenatale compreso tra la 26a e la 35a settimana di gestazione (valutazione prenatale T1) fino al periodo postnatale compreso tra la 4a e l'8a settimana dopo il parto (valutazione postnatale T2). I ricercatori hanno messo in evidenza come alcune strategie di coping disadattivo (ad es. negare o agire come se l'evento non fosse reale, l'abuso di sostanze, l'autodenigrazione) fossero maggiormente correlate al rischio di sviluppare una depressione durante il periodo prenatale. L'analisi delle strategie di coping nel periodo postnatale ha rilevato l'utilizzo da parte delle donne di due stili di coping (coping incentrato sulla colpa e sull'abuso di sostanze), già legati alla depressione nel periodo prenatale, suggerendo l'ipotesi che queste madri non fossero state in grado di liberarsi dei sensi di colpa, già presenti nel periodo prenatale, accentuatisi evidentemente dall'arrivo del bambino. Per far fronte a tali problemi le donne erano disposte ad utilizzare sostanze stupefacenti, nonostante il rischio di un peggioramento della condizione depressiva (de Tychey et al., 2005). Altri ricercatori hanno messo in relazione le strategie disadattive focalizzate sulle emozioni con la depressione prenatale (Da Costa et al., 2000) e le strategie di distanziamento (distaccarsi da sé, minimizzare l'impatto della situazione, uso di sostanze) (Faisal-Cury et al., 2004; Gutiérrez-Zotes et al., 2016) e con lo sviluppo di depressione post-partum. Nell'ampio studio condotto da Gutiérrez-Zotes et al. (2016) 1626 donne sono state valutate 2-3 giorni dopo il parto e a 8 e 32 settimane post-partum. L'uso di alcune strategie di coping (ad esempio, negazione, supporto emotivo, ristrutturazione positiva e accettazione) è stato collegato a sintomi depressivi a 8 settimane, ma queste strategie cessavano di essere predittive a 32 settimane. Solo il senso di colpa, l'auto-distrazione e il supporto emotivo erano predittori della gravità dei sintomi depressivi a 8 e a 32 settimane. Al contrario, strategie di coping adattivo (ad esempio, accettazione, umorismo la risoluzione attiva dei problemi, l'interpretazione positiva delle situazioni) tendono ad essere fattori protettivi rispetto allo sviluppo di quadri psicopatologici durante il periodo perinatale (Pakenhama et al., 2009; Guardino et al., 2014; Ren et al., 2015; Chen et al., 2002; Honey et al., 2003; Faisal-Cury et al., 2004; Gutiérrez-Zotes et al., 2015). Comprendere le strategie di coping messe in atto dalle donne in gravidanza è fondamentale per sviluppare degli interventi adeguati. La terapia cognitivo-comportamentale (CBT) è una delle terapie più efficaci per trattare la depressione perinatale. Questa terapia aiuta le donne a riconoscere e cambiare pensieri negativi o distorti che alimentano la depressione (Grote et al., 2010). Le tecniche di rilassamento, come la meditazione mindfulness, sono utili nel ridurre lo stress e l'ansia associati alla depressione perinatale. La mindfulness aiuta a concentrarsi sul presente e a ridurre la ruminazione (Dimidjian et al., 2016). Un forte sostegno sociale da parte di familiari, amici e partner è fondamentale per ridurre i sintomi di depressione perinatale. Le donne che hanno una rete di supporto sono meno inclini a sviluppare sintomi depressivi severi (Beck, 2001). I gruppi di supporto per le donne con depressione perinatale offrono un ambiente sicuro per condividere esperienze e ricevere incoraggiamento. Il confronto con altre madri che vivono esperienze simili può essere molto rassicurante (Dennis & Letourneau, 2007).

Tab. 2 Strumenti di valutazione del coping perinatale

COPE Inventory - Versione perinatale	COPE Inventory - Versione perinatale Il COPE Inventory è uno strumento generale per valutare le strategie di coping e, in molti casi, è stato adattato per l'uso nel contesto perinatale. Il COPE Inventory misura diverse dimensioni del coping, tra cui il coping focalizzato sul problema, sul supporto sociale e sul coping emozionale. Questo strumento è utilizzato per valutare come le donne incinte o le neo-mamme affrontano i problemi legati alla gravidanza o al postpartum.
Prenatal Coping Scale (PCS)	La Prenatal Coping Scale è uno strumento progettato per misurare le strategie di coping delle donne durante la gravidanza. È utilizzato per identificare strategie di coping adattive e disadattive durante la gestazione, come il supporto sociale, la rivalutazione positiva e il coping evitante.
Coping Response to Stressful Experiences of Pregnancy (CORSE)	Il CORSE è uno strumento di valutazione che misura le risposte di coping delle donne incinte alle esperienze di stress. È stato progettato per catturare una gamma di strategie di coping legate specificamente alla gravidanza, incluse le strategie adattive (come il problem-solving e la pianificazione) e quelle disadattive (come l'evitamento o il disimpegno emotivo).
Postpartum Coping Scale (PCS)	La Postpartum Coping Scale è stata sviluppata per misurare come le donne affrontano lo stress durante il periodo postpartum. Valuta le risorse interne ed esterne utilizzate dalle donne per gestire il carico emotivo e fisico dopo la nascita del bambino. La

	scala esamina diversi tipi di strategie di coping, come il supporto sociale e l'autogestione.
Prenatal Coping Inventory (NuPCI)	Il NuPCI è una versione modificata del Prenatal Coping Inventory ed è specificamente progettato per misurare le strategie di coping delle donne in gravidanza. Valuta tre aree principali: preparazione per il parto, gestione dello stress e ottimismo riguardo alla gravidanza e alla nascita. È uno strumento utile per studiare come le donne affrontano l'ansia e le preoccupazioni tipiche della gravidanza.
Ways of Coping Checklist (WCC) - Versione perinatale	La Ways of Coping Checklist è stata utilizzata e modificata per il contesto perinatale per misurare le modalità con cui le donne incinte e nel postpartum affrontano le situazioni di stress. Valuta diverse strategie di coping, come il problem-solving, la ricerca di supporto sociale, il distacco emotivo e l'auto-controllo. Il WCC è stato adattato per esaminare il modo in cui le donne affrontano le sfide emotive e fisiche della gravidanza.
COPE Scale for Pregnancy (COPE-P)	La COPE Scale for Pregnancy è uno strumento sviluppato per misurare specificamente il coping durante la gravidanza. È una scala autosomministrata che esplora il modo in cui le donne affrontano i problemi e lo stress correlati alla gravidanza, concentrandosi su strategie positive e negative. La scala è stata utilizzata per identificare le donne a rischio di distress durante la gravidanza.
Perinatal Coping Inventory (PCI)	Il Perinatal Coping Inventory è stato sviluppato per valutare come le donne affrontano le preoccupazioni e lo stress specifico della gravidanza e del periodo postpartum. Questo strumento misura una serie di strategie di coping, inclusi il supporto emotivo, l'accettazione della situazione e il distacco emotivo.
Coping Orientation to Problems Experienced (COPE) Inventory	Il COPE Inventory misura 15 diverse modalità di coping, suddivise tra strategie adattive e non adattive. È stato sviluppato per valutare come le persone affrontano gli eventi stressanti e può essere utilizzato sia in situazioni di stress quotidiano che in situazioni specifiche.

Brief COPE	Il Brief COPE è una versione abbreviata del COPE Inventory, e misura 14 strategie di coping attraverso 28 item. Include sia strategie di coping adattivo (come la pianificazione, il supporto sociale e la rivalutazione positiva) che strategie disadattive (come l'evitamento o il disimpegno comportamentale). È ampiamente usato per la sua brevità e applicabilità in contesti clinici e non.

6. La depressione perinatale: tra attaccamento e coping

La relazione tra attaccamento e coping è ben documentata nella letteratura psicologica. La relazione tra coping (cioè le modalità con cui una persona affronta lo stress e le difficoltà) e gli stili di attaccamento (i modelli di relazione sviluppati nelle prime fasi di vita in risposta ai caregiver) è strettamente interconnessa. Gli stili di attaccamento, formati durante l'infanzia attraverso le interazioni con le figure di riferimento, influenzano il modo in cui gli individui affrontano lo stress e gestiscono le difficoltà nel corso della vita. Di conseguenza, i meccanismi di coping sono spesso modellati dallo stile di attaccamento di un individuo. La relazione tra coping e stili di attaccamento è fondamentale per comprendere il modo in cui le persone affrontano lo stress e le difficoltà emotive. Gli stili di attaccamento influenzano fortemente le modalità di coping che le persone sviluppano, e queste, a loro volta, aumentano in modo significativo il rischio di sviluppare disturbi psichiatrici e comportamentali. Molti studiosi hanno messo in dubbio il percorso diretto tra stili di attaccamento e disagio psicologico e, invece, sostengono che le prime esperienze di attaccamento influenzano il successivo disagio psicologico attraverso diversi meccanismi intermedi. In particolare, le strategie di coping agiscono come fattori mediatori tra lo stile di attaccamento e disagio psicologico (Lopez et al., 2001; Wei et al., 2003). A sostegno di questa ipotesi negli ultimi decenni la ricerca ha fornito ampie prove che le strategie di coping che gli individui impiegano in situazioni stressanti sono determinate, almeno in parte, dal loro stile di attaccamento (Lopez & Brennan, 2000; Pietromonaco & Feldman Barrett, 2000; Lopez et al., 2002; Mikulincer et al., 2003; Howard & Medway, 2004; Knoll et al., 2005). Le persone con attaccamento sicuro tendono ad usare strategie di coping attivo (ad esempio, strategie di coping basate sulla ricerca di supporto) e a mantenere un benessere psicologico accettabile durante i periodi stressanti (Mikulincer et al., 1993; Birnbaum et al., 1997; Buelow et al., 2002). Al contrario, gli individui con stili di attaccamento insicuro valutano gli eventi stressanti in termini minacciosi, riferiscono dubbi sulle proprie capacità di coping (Mikulincer et al., 1998) e utilizzano strategie di coping disfunzionali (ad esempio, negazione, tendenza ad evitare la consapevolezza di problemi) quando fronteggiano situazioni avverse (Schmidt et al., 2002). Alcune ricerche supportano l'ipotesi secondo cui gli individui con alti livelli di attaccamento insicuro ansioso o evitante utilizzino strategie distinte. Gli individui con un attaccamento ansioso tendono a usare strategie di coping focalizzate sulle emozioni, come la ruminazione o la preoccupazione eccessiva. Questi soggetti possono reagire allo stress con elevati livelli di ansia, poiché temono il rifiuto o l'abbandono nelle relazioni interpersonali. Spesso cercano rassicurazione dagli altri in modo eccessivo, ma questo non sempre allevia il loro disagio emotivo (Brennan et al., 1995). Gli individui con un attaccamento evitante tendono a utilizzare strategie di coping basate sull'evitamento, come l'allontanamento emotivo e il ritiro dalle situazioni stressanti. Questo stile di coping può portare a una gestione inadeguata dello stress, poiché tali individui cercano di distanziarsi emotivamente dai problemi piuttosto che affrontarli direttamente. A lungo termine, questa strategia può portare a un accumulo di stress e a difficoltà interpersonali (Fraley & Shaver, 2000). L'attaccamento gli individui con attaccamento insicuro-ansioso sono vulnerabili alla depressione attraverso un'eccessiva reattività emotiva in reazione agli stimoli ambientali, mentre l'attaccamento insicuro-evitante è correlato al rischio di depressione attraverso meccanismi di difesa per cui la persona evita di entrare in contatto con situazioni o cose temute (Wei et al., 2005). Altri studi non hanno confermato che gli individui con attaccamento ansioso utilizzino strategie di coping distinte rispetto ad individui con attaccamento evitante. I risultati di questi suggeriscono, invece, che entrambi gruppi di individui con attaccamento insicuro utilizzino uno strategie di coping focalizzate sulle emozioni o evitanti o entrambe per affrontare lo stress (Lopez et al., 2001; Wei et al., 2003). Nonostante questi risultati contrastanti, è chiaro che gli individui con un elevato attaccamento ansioso e/o attaccamento evitante tendono a utilizzare strategie di coping inefficaci per affrontare lo stress, che possono, a loro volta, aumentare i livelli di disagio psicologico.

Ma in che relazione stanno esattamente l'attaccamento, le strategie di coping e i sintomi depressivi? Secondo la teoria dell'attaccamento, il collegamento tra attaccamento insicuro e depressione è mediato da diversi percorsi (Mikulincer et al., 2012). È probabile che le persone con attaccamento insicuro per contrastare lo stress siano inclini a usare strategie di coping disfunzionali che a loro volta aumentano il rischio delle persone insicure di sviluppare la depressione. I dati emersi da recenti ricerche sembrano confermare l'esperienza clinica. I risultati di alcune ricerche suggeriscono gli stili di attaccamento insicuro hanno un impatto sulle tendenze al perfezionismo disadattivo, che, a loro volta, portano all'uso di strategie di coping inefficaci (coping evitante), che mediano la relazione tra perfezionismo disadattivo e depressione (Dunkley et al., 2000, 2003; Wei et al., 2006). Gli autori Malik, Wells e Wittkowski, in un articolo di revisione della letteratura, pubblicato nel 2015 sulla rivista Journal of Affective Disorders, hanno concluso che la relazione tra l'attaccamento insicuro-ansioso e la presenza di sintomi depressivi passa attraverso l'utilizzo di strategie disfunzionali di regolazione delle emozioni: in particolare, strategie di iperattivazione che comportano un'eccessiva ruminazione, autocritica e manifestazioni eccessive di disagio. Questi risultati suggeriscono un ruolo di mediatore delle strategie di coping disadattive nella relazione tra attaccamento insicuro e sintomi depressivi. Gli stili di attaccamento non solo influenzano le strategie di coping immediato, ma hanno anche un impatto sulle capacità di adattamento a lungo termine. Gli individui con attaccamento sicuro tendono a sviluppare una maggiore resilienza, mentre quelli con attaccamento insicuro sono più vulnerabili a disturbi psicologici come ansia e depressione, spesso a causa dell'uso persistente di strategie di coping inefficaci (Kobak & Sceery, 1988).

Nel contesto perinatale, l'attaccamento materno ha un impatto significativo sulle strategie di coping adottate dalle madri durante la gravidanza e il post-partum. Le madri con attaccamento sicuro tendono a utilizzare strategie di coping adattive, come la ricerca di supporto sociale e il problem-solving. Al contrario, le madri con attaccamento insicuro possono ricorrere a strategie di coping meno efficaci, come l'evitamento, la ruminazione o la ricerca ossessiva di approvazione da parte degli altri. Allo stesso tempo, le strategie di coping disfunzionali influenzate dall'attaccamento possono modulare il rischio di sviluppare o intensificare la depressione perinatale (Rholes et al., 2006). Le madri con attaccamento ansioso tendono a utilizzare strategie di coping disfunzionali, come la ruminazione e l'iperattivazione emotiva. Queste strategie aumentano la vulnerabilità alla depressione perinatale, poiché le madri con attaccamento ansioso cercano rassicurazione e approvazione dagli altri in modo eccessivo, ma non riescono a sentirsi sollevate. Questo ciclo di preoccupazione e dipendenza può peggiorare lo stato emotivo della madre durante la gravidanza e dopo il parto (Meredith et al., 1999). Le madri con attaccamento evitante tendono a evitare il confronto emotivo e possono adottare strategie di coping basate sull'evitamento, come il distanziamento e il minimizzare i problemi. Questo approccio, sebbene possa sembrare protettivo a breve termine, impedisce un adeguato processo di gestione dello stress e può contribuire a un aumento dei sintomi della depressione postnatale. L'incapacità di affrontare direttamente lo stress e di cercare supporto sociale può aumentare l'isolamento e il malessere emotivo (Mikulincer & Shaver, 2007). Le madri con attaccamento disorganizzato, caratterizzato da comportamenti contraddittori e confusi nelle relazioni, sono particolarmente vulnerabili alla depressione perinatale grave. Questa tipologia di attaccamento può portare a strategie di coping incoerenti, oscillanti tra iperattivazione emotiva ed evitamento. Le madri con questo stile di attaccamento possono avere difficoltà a costruire un legame sicuro con il bambino, aumentando il rischio di sviluppare una depressione postnatale prolungata (Lyons-Ruth & Block, 1996). Gli stili di attaccamento influiscono sulle strategie di coping a lungo termine e, di conseguenza, sulla salute mentale delle madri. Madri con attaccamento insicuro e con strategie di coping disfunzionali sono più soggette a depressione cronica o ricorrente. Al contrario, madri con attaccamento sicuro e strategie di coping efficaci tendono a riprendersi più rapidamente dalla depressione perinatale e a sviluppare una maggiore resilienza (Leerkes & Crockenberg, 2002).

Nonostante molti studi abbiano riportato una relazione significativa tra stili di attaccamento, strategie di coping e depressione perinatale, finora, solo pochi studi hanno valutato l'ipotesi circa il ruolo di mediatore delle strategie di coping nella relazione tra attaccamento insicuro e depressione perinatale. Recentemente, uno studio condotto da Altamura e colleghi (2023) ha avuto lo scopo di delineare gli stili di attaccamento delle donne che sviluppano una depressione perinatale e indagare il ruolo di mediazione delle strategie di coping nella relazione tra attaccamento e depressione. Lo studio prevedeva una fase di screening, effettuata su donne al terzo trimestre di gravidanza e nel periodo successivo al parto, afferenti presso tre importanti ospedali pubblici della Regione Puglia (Italia). Nella fase di screening, a tutte le pazienti sono state somministrate: 1) la Edinburgh Postnatal Depression Scale (EPDS): è stato considerato come cut-off clinico il punteggio di 12 e di 9, rispettivamente, nella valutazione della sintomatologia depressiva antepartum e dei sintomi depressivi nell'immediato postpartum; 2) la Experiences in Close Relationship Scale (ECR): un questionario di autovalutazione per la valutazione dell'attaccamento adulto; 3) il Coping Orientation to Problems Experienced test: questionario self-report per la misura degli stili di coping. Considerando che nella letteratura esistente non emergono risultati consistenti su come le strategie di coping di ordine inferiore siano raggruppate per formare strategie di ordine superiore, compreso il coping focalizzato sulle emozioni e il coping maladattivo, è stata condotta un'analisi fattoriale esplorativa e confermativa sulle sottoscale del COPE in due periodi diversi (gravidanza e postpartum) al fine di creare modelli più specifici di strategie di coping. Il modello di equazioni strutturali (SEM) è stato utilizzato per valutare le strategie di coping che fungono da "intermediarie" nell'effetto dell'attaccamento sulla depressione. I risultati hanno evidenziato che il 14,1% delle donne (234/1664) soffriva di sintomatologia depressiva in gravidanza (EPDS ≥ 12), mentre il 18,5% (309/1664) nel periodo postpartum (EPDS ≥ 9). Il risultato principale dello studio è stato quello di dimostrare che le strategie di coping svolgono un ruolo significativo nel mediare l'effetto di stili di attaccamento ansioso ed evitante sulla sintomatologia depressiva perinatale. In particolare, i risultati delle analisi di mediazione hanno rivelato che lo stile di attaccamento insicuro-ansioso era significativamente associato alla sintomatologia depressiva antepartum attraverso strategie di coping focalizzate sulle emozioni (ricerca di supporto strumentale, ricerca di supporto emotivo, sfogo delle emozioni, autoaccusa) e strategie di coping maladattive (negazione, disimpegno comportamentale, uso di sostanze) (Fig.1). La relazione tra attaccamento evitante e depressione antepartum era mediata da strategie di coping emotivo. I risultati indicavano una correlazione negativa tra lo stile di attaccamento evitante e coping emotivo. Questo risultato potrebbe essere attribuito al fatto che le persone con uno stile di attaccamento evitante sono maggiormente inclini a creare una distanza emotiva, ad un minore riconoscimento del disagio e alla difficoltà nell'esprimere i propri sentimenti agli altri (Hazan & Shaver, 1987; Guttmann-Steinmetz & Crowell, 2006).

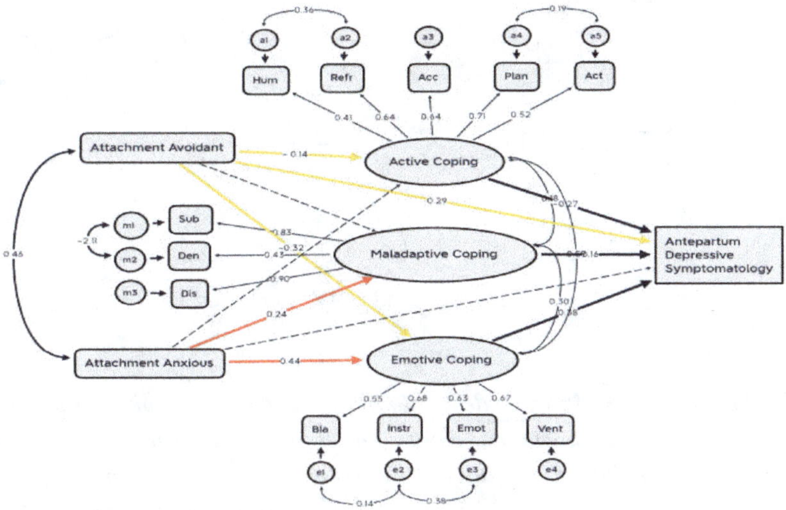

Fig.1 Modello di Path Analysis del ruolo di mediazione del coping nella relazione tra stili di attaccamento e sintomatologia depressiva prenatale. Le linee continue rappresentano effetti significativi (p <0,05) e le linee tratteggiate rappresentano effetti non significativi (p <0,05). Le linee colorate e in grassetto rappresentano percorsi significativi. Hum = umorismo; Refr = riformulazione; Acc = accettazione; Plan = pianificazione; Act = coping attivo; Sub = uso di sostanze; Den = negazione; Dis = disimpegno comportamentale; Bla = tendenza ad auto-incolparsi.; Instr = ricerca di supporto strumentale; Emot = ricerca di supporto emotivo; Vent = sfogo delle emozioni.

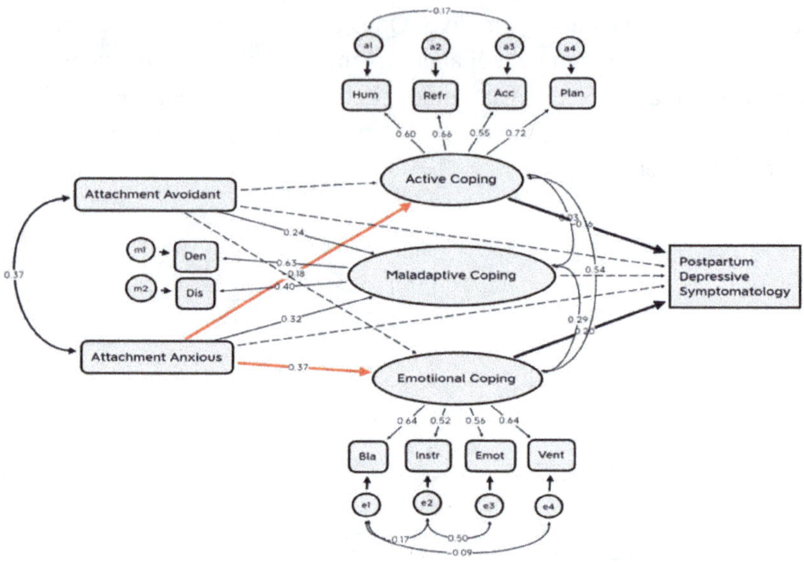

Fig.2 Modello di Path Analysis del ruolo di mediazione del coping nella relazione tra stili di attaccamento e sintomatologia depressiva post-partum. Le linee continue rappresentano effetti significativi (p <0,05) e le linee tratteggiate rappresentano effetti non significativi (p <0,05). Le linee colorate e in grassetto rappresentano percorsi significativi. Hum = umorismo; Refr = riformulazione; Acc = accettazione; Plan = pianificazione; Act = coping attivo; Den = negazione; Dis = disimpegno comportamentale; Bla = tendenza ad auto-incolparsi.; Instr = ricerca di supporto strumentale; Emot = ricerca di supporto emotivo; Vent = sfogo delle emozioni.

Per quanto riguardava la depressione post-partum gli effetti dell'attaccamento insicuro ansioso sulla depressione erano mediati dal coping emotivo e da un minore utilizzo di strategie di coping attive, mentre l'attaccamento evitante non era significativamente correlato a sintomi depressivi (Fig. 2). Ciò è in linea con le osservazioni, come discusso sopra, secondo cui le persone con attaccamento evitante tendono a sviluppare una modalità di affrontare lo stress caratterizzata da sofisticate strategie disattivanti: scarsa attenzione alle proprie vulnerabilità e ai segnali di minaccia, minimizzazione dell'esperienza emotiva. Gli approcci terapeutici per il trattamento della depressione perinatale si concentrano spesso su terapie basate sull'attaccamento. Essi mirano a intervenire sugli stili di attaccamento insicuri della madre che possono contribuire al malessere psicologico (Slade et al., 2005). Interventi come il Circle of Security, la Child-Parent Psychotherapy e le terapie di gruppo basate sull'attaccamento sono stati ampiamente utilizzati per ridurre i sintomi depressivi e promuovere il benessere sia delle madri che dei bambini. Le madri che partecipano a questo tipo di terapia mostrano una migliore capacità di coping e una riduzione dei sintomi depressivi (Nylen et al., 2006). La relazione tra attaccamento e coping nel contesto della depressione perinatale appare dunque cruciale per comprendere come le madri affrontano le difficoltà emotive durante la gravidanza e il post-partum. Gli stili di attaccamento influenzano il modo in cui le madri gestiscono lo stress e, a loro volta, queste strategie di coping influenzano il rischio di sviluppare o intensificare la depressione perinatale. Madri con attaccamento sicuro tendono a usare strategie di coping adattive, mentre quelle con attaccamento insicuro sono più inclini a strategie disfunzionali, aumentando così il rischio di depressione. Oltre alle caratteristiche di personalità, per comprendere l'insorgenza della DP è, dunque, necessario conoscere gli stili di coping delle pazienti. In base a quanto emerso dai dati presentati, si può supporre che l'attivazione degli stili di attaccamento insicuro, durante il periodo della gravidanza, possa agire come fattore di vulnerabilità per lo sviluppo di sintomi depressivi nel periodo prenatale e nel post-partum. Tuttavia, lo sviluppo della patologia depressiva è riconducibile principalmente all'utilizzo di strategie di coping specifiche, focalizzate sulle emozioni, che affondano le loro radici in stili di attaccamento di tipo insicuro-ansioso. Questa ipotesi, se confermata, non è solo importante dal punto di vista teorico, ma ha implicazioni pratiche significative per le pazienti con disturbi depressivi che si verificano durante il periodo perinatale. Da un punto di vista clinico, riconoscere che meccanismi di coping disfunzionali mediano la connessione tra attaccamento e depressione, suggerisce che sarebbe preferibile, in terapia, insegnare al paziente strategie di coping più adattative, piuttosto che addentrarsi in interventi ben più intensivi finalizzati a correggere gli effetti di esperienze di attaccamento primarie. Le strategie di coping giocano un ruolo cruciale nello sviluppo o nella prevenzione della depressione perinatale. Promuovere l'uso di strategie di coping adattive e ridurre l'uso di coping maladattivo può essere fondamentale per migliorare la salute mentale delle donne durante la gravidanza e il post-partum. Le terapie basate sul coping nella depressione perinatale includono una vasta gamma di approcci, dalla terapia cognitivo-comportamentale (CBT) e la PST alla terapia interpersonale (IPT). Questi approcci terapeutici mirano a fornire alle donne strategie efficaci per gestire lo stress e le difficoltà emotive durante la gravidanza e il periodo post-partum. Gli interventi si concentrano sull'insegnamento di abilità per affrontare le sfide quotidiane e le emozioni negative, riducendo i sintomi depressivi e migliorando il benessere generale. La terapia cognitivo-comportamentale (CBT) è una delle terapie più utilizzate e validate per il trattamento della depressione perinatale. La CBT si focalizza sul riconoscimento e la modifica dei pensieri negativi e delle convinzioni disfunzionali che alimentano la depressione. Inoltre, la CBT insegna strategie di coping efficaci, come la risoluzione dei problemi, il miglioramento delle abilità di comunicazione e la gestione dello stress, migliorando la resilienza emotiva delle donne in questo periodo critico (Dimidjian et al., 2016). Un approccio efficace per migliorare il coping nella depressione perinatale è insegnare alle donne come risolvere i problemi in modo più efficace e come gestire le fonti di stress quotidiane. Questi interventi forniscono strumenti pratici per affrontare situazioni stressanti e migliorano la capacità di gestire l'ansia legata alla maternità (Cuijpers et al., 2014). Programmi educativi e di supporto per insegnare alle future madri strategie di coping più adattive, come la gestione delle emozioni, la risoluzione dei problemi e il miglioramento della comunicazione nelle relazioni. La terapia basata sul problem-solving (PST) è un approccio che aiuta le madri a identificare e affrontare le difficoltà specifiche che possono contribuire alla depressione perinatale, come i problemi relazionali, economici o di salute. La PST insegna alle donne come affrontare questi problemi in modo efficace e proattivo, favorendo lo sviluppo di strategie di coping adattive (Logsdon et al., 2011). La terapia interpersonale (IPT) è efficace nel migliorare le capacità di coping attraverso il miglioramento delle relazioni sociali e la gestione dei conflitti interpersonali. Questo tipo di terapia aiuta le donne a gestire le transizioni legate alla maternità, come il cambiamento di ruolo e le nuove responsabilità, che possono essere fattori scatenanti della depressione perinatale. Le abilità di coping apprese nell'IPT includono una migliore comunicazione, la risoluzione dei conflitti e il miglioramento del supporto sociale (O'Hara et al., 2000). Partecipare a gruppi di supporto per donne incinte o neo-mamme può fornire un ambiente sicuro dove condividere esperienze e ricevere consigli su come affrontare lo stress e la depressione.

Bibliografia

Abramowitz, J.S., Schwartz, S.A., & Moore, K.M. (2003). Obsessive-compulsive symptoms in pregnancy and the puerperium: A review of the literature. Journal of Anxiety Disorders, 17(4), 461-478.

Aceti F., Giacchetti N., Meuti V., Carluccio G.M., Zaccagni M., Marini I., Di Lorenzo F., Grillo A., Mancini G., Serio V., et al. (2015). Depressione perinatale e relazioni affettive: l'experience in close relationship in gravidanza [Perinatal depression and affective bonds: Experience in close relationship during pregnancy] Riv. Psichiatr.;50:134–142. doi: 10.1708/1910.20796.

Agrawal I, Mehendale AM, Malhotra R. (2022). Risk Factors of Postpartum Depression. Cureus. Oct 31;14(10): e30898.

Ainsworth M.D.S., Witting B.A. (1969). "Attachment and exploratory behavior of oneyear olds in a Strange Situation." In Foss B.M. (a cura di): Determinants of infant behavior. Methuen, London, vol.4, pp.11-136

Ainsworth MDS, Blehar MC, Waters E, Wall S. (1978): Patterns of attachment: a psychological study of the Strange Situation. Erlbaum Associates, Hillsdale, NJ.

Aldao A, Nolen-Hoeksema S, Schweizer S. (2010). Emotion-regulation strategies across psychopathology: A meta-analytic review. Clinical Psychology Review; 30:217–237.

Alhusen JL, Gross D, Hayat MJ, Rose L, Sharps P. (2012). The role of mental health on maternal-fetal attachment in low-income women. Journal of Obstetric, Gynecologic, and Neonatal Nursing: JOGNN / NAACOG; 41: E71–81

Alhusen, J. L., Hayat, M. J., Gross, D. (2013). A longitudinal study of maternal attachment and infant developmental outcomes. Arch Womens Ment Health. 16(6).

Altamura M., Balzotti A. (2020). Genetica e Attaccamento. Ed. Progedit.

Altamura M, Leccisotti I, De Masi L, Gallone F, Ficarella L, Severo M, Biancofiore S, Denitto F, Ventriglio A, Petito A, Maruotti G, Nappi L, Bellomo A. (2023). Coping as a Mediator between Attachment and Depressive Symptomatology

Either in Pregnancy or in the Early Postpartum Period: A Structural Equation Modelling Approach. Brain Sci. Jun 28 ;13(7) :1002.

Austin MP, Hadzi-Pavlovic D, Priest SR, et al. (2010). Depressive and anxiety disorders in the postpartum period: How prevalent are they and can we improve their detection? Archives of Women's Mental Health;13(4):395-401.

Ayers S, Crawley R, Webb R, Button S, Thornton A; HABiT collaborative group. (2019). What are women stressed about after birth? Birth; 46(4):678-685.

Baker J, Mancuso M, Montenegro M, Lyons BA (2002). Treating postpartum depression. Physiacian Assistant 26, 10, 37-44.

Balzotti A. (2010). Attaccamento e Biologia. Franco Angeli. Milano.

Barone L, Lionetti F, Dellagiulia A. (2014). Maternal-fetal Attachment and its correlates in a sample of Italian women: a study using the Prenatal Attachment Inventory. Journal of reproductive and infant psychology. 32(3): 230-239.

Beck CT. (2001). Predictors of postpartum depression: An update. Nursing Research, 50(5), 275-285.

Beck CT. (2002). Postpartum depression: A meta synthesis. Qualitative Health Research, 12(4), 453-472.

Beck CT., Records K, Rice M. (2006). Further development of the Postpartum Depression Predictors Inventory—Revised. J Obstet Gynecol Neonatal Nurs 35:735–45.

Beck AT, Steer RA, Brown GK. (1996). Manual for the Beck Depression Inventory-II. San Antonio, TX: Psychological Corporation.

Beck CT, Gable RK. (2000). Postpartum Depression Screening Scale: Development and psychometric testing. Nurs Res; 49(5):272-282.

Besser A, Priel B, & Wiznitzer, A. (2002). Childbearing depressive symptomatology in high-risk pregnancies: The roles of working models and social support. Personal Relationships, 9, 395 – 413

Bianciardi E, Vito C, Betrò S, De Stefano A, Siracusano A, Niolu C. (2020). The anxious aspects of insecure attachment styles are associated with depression either in pregnancy or in the postpartum period. Ann. Gen. Psychiatry; 19:51.

Bianciardi E, Ongaretto F, De Stefano A, Siracusano A, Niolu C. (2023). The Mother-Baby Bond: Role of Past and Current Relationships. Children (Basel);10(3):421.

Bifulco A, Moran PM, Ball C, Bernazzani O. (2002a). Adult attachment style I. Its relationship to clinical depression. Soc. Psychiatry Psychiatr. Epidemiol; 37:50–59.

Bifulco A, Moran PM, Ball C, Lillie A. (2002b). Adult attachment style. II: Its relationship to psychosocial depressive-vulnerability. Soc Psychiatry Psychiatr Epidemiol; 37(2):60-7.

Bifulco A, MoHon J, Kwon JH, Moran PM, Jacobs C. (2003). The vulnerable attachment style questionnaire (VASQ): an interview-based measure of attachment styles that predict depressive disorder. Soc Psychiatry Psychiatr Epidemiol; 37:50–59

Bifulco A, Figueiredo B, Guedeney N, Gorman LL, Hayes S, Muzik M, Glatigny-Dallay E, Valoriani V, Kammerer MH, Henshaw CA. (2004). Maternal attachment style and depression associated with childbirth: Preliminary results from a European and US cross-cultural study. Br. J. Psychiatry; 184: S31–S37.

Birnbaum GE, Orr I, Mikulincer M, Florian V. (1997). When Marriage Breaks Up-Does Attachment Style Contribute to Coping and Mental Health? J. Soc. Pers. Relatsh; 14:643–654.

Beard JL, Hendricks MK, Perez EM, Murray-Kolb LE, Berg A, Vernon-Feagans L, Irlam J, Isaacs W, Sive A, Tomlinson M. (2005). Maternal iron deficiency anemia affects postpartum emotions and cognition. The Journal of Nutrition 135, 2, 267-72

Binder EB, Newport DJ, Zach EB. et al., (2010). A serotonin transporter gene polymorphism predicts peripartum depressive symptoms in at risk psychiatric cohort. J Psychiatry Res; 44: 640-646

Bloch M, Daly RC, Rubinow DR. (2003). Endocrine factors in the etiology of postpartum depression. Comprehensive Psychiatry, 44(3), 234-246.

Bornstein RF. (1993). The dependent personality: Developmental, social, and clinical perspectives. New York: Guilford Press.

Boyce P, Parker G, Barnett B, Cooney M, Smith F. (1991). Personality as a vulnerability factor to depression. Br J Psychiatry; 159:106-14.

Boyce P, Hickey A. (2005). Psychosocial risk factors to major depression after childbirth. Social Psychiatry and Psychiatric Epidemiology;40(8):605-612.

Bowlby J. (1961). The Adolf Meyer lecture: Childhood mourning and its implications for psychiatry. The American Journal of Psychiatry, 118, 481–498.

Bowlby J. (1969/1982). Attachment and Loss: Vol. 1. Attachment. 2nd ed. Basic Books; New York, NY, USA

Bowlby J. (1973). Attachment and Loss: Vol. 2. Separation. Basic Books; New York, NY, USA

Bowlby J. (1980). Attachment and Loss: Vol. 3. Loss. Basic Books; New York, NY, USA

Bowlby J. (1969). Attachment and Loss. Vol.1: Attachment. New York: Basic Books. Tr it. (1972). Attaccamento e Perdita. Vol.1: L'attaccamento alla madre. Torino: Boringhieri.

Bowlby J. (1973): Attaccamento e perdita, vol. 2: La separazione dalla madre. Boringhieri, Torino, 1975

Bowlby, J. (1982). Attachment and loss: Retrospect and prospect. American Journal of Orthopsychiatry, 52(4), 664–678.

Bowlby J. (1988): Una base sicura. Raffaello Cortina, Milano

Brandon AR, Trivedi MH, Hynan LS, Miltenberger PD, Labat DB, Rifkin JB, Stringer CA. (2008). Prenatal depression in women hospitalized for obstetric risk. The Journal of Clinical Psychiatry; 69:635–643.

Brennan KA, Clark CL, Shaver PR. (1998). Self-report measurement of adult attachment: An integrative overview. In: Simpson J.A., Rholes W.S., editors. Attachment Theory and Close Relationships. Guilford Press; New York, NY, USA, pp. 46–76.

Bretherton, I. (1985). Attachment theory: Retrospect and prospect. Monographs of the Society for Research in Child Development, 50(1-2), 3–35.

Bretherton I. (1992) Modelli operativi interni e trasmissione intergenerazionale dei modelli di attaccamento, in M. Ammaniti, D.N. Stern (a cura di) Attaccamento e psicoanalisi, Laterza, Roma-Bari.

Brennan KA, Clark CL, Shaver PR. (1998). Self-report measurement of adult attachment: An integrative overview. In: Simpson JA, Rholes WS (Eds.), Attachment theory and close relationships. Guilford Press.

Brumariu LE, Kerns KA. (2010). Mother–child attachment patterns and different types of anxiety symptoms: is there specificity of relations? Child Psychiatry Hum Dev; 41:663–674.

Buelow AS, Lyddon William JW, Johnson TJ. (2002) Client attachment and coping resources. Couns. Psychol. Q.; 15:145–152.

Busonera A, Cataudella S, Lampis J, Tommasi M. & Zavattini GC. (2016). Investigating validity and reliability evidence for the maternal antenatal attachment scale in a sample of Italian women. Archives of Women's Mental Health, 19, 329–336.

Busonera A, Cataudella S, Lampis J, Tommasi M, & Zavattini GC. (2017a). Prenatal Attachment Inventory: expanding the reliability and validity evidence using a sample of Italian women. Journal of Reproductive and Infant Psychology, 35(5), 462–479.

Camoni L, Gigantesco A, Guzzini G, Pellegrini E, Mirabella F. (2023). Epidemiology of perinatal depression in Italy: systematic review and meta-analysis. Ann Ist Super Sanità, Vol. 59, No. 2: 139-148

Camoni L, Mirabella F, Gigantesco A, Brescianini S, Ferri M, Palumbo G, Calamandrei G, On Behalf Of The Perinatal Mental Health Network. (2022). The Impact of the COVID-19 Pandemic on Women's Perinatal Mental Health: Preliminary Data on the Risk of Perinatal Depression/Anxiety from a National Survey in Italy. Int J Environ Res Public Health;19(22):14822.

Carnelley KB, Pietromonaco PR, Jaffe K. (1994). Depression, working models of others, and relationship functioning. J Pers Soc Psychol; 66:127–140

Carver CS, Scheier MF, Weintraub JK. (1989). Assessing coping strategies: A theoretically based approach. J Pers Soc Psychol;56(2):267-283.

Chandra JH, Kurniawan C, Puspitasari IM. (2024). Genetic Markers Associated with Postpartum Depression: A Review. Neuropsychiatr Dis Treat; 20:281-293.

Chen Z, Li Y, Chen J, Guo X. (2022). The mediating role of coping styles in the relationship between perceived social support and antenatal depression among pregnant women: A cross-sectional study. BMC Pregnancy Childbirth; 22:188.

Cohen S, Kamarck T, and Mermelstein R. (1983). A global measure of perceived stress. J Health Soc Behav; 24:385–96.

Condon JT. (1993). The assessment of antenatal emotional attachment: Development of a questionnaire instrument. British Journal of Medical Psychology; 66, 167–183.

Costa B, Pini S, Gabelloni P, Abelli M, Lari L, Cardini A, Muti M, Gesi C, Landi S, Galderisi S, Mucci A, Lucacchini A, Cassano GB, Martini C. (2009). Oxytocin receptor polymorphisms and adult attachment style in patients with depression. Psychoneuroendocrinology; 34(10):1506-14.

Cox JL, Holden JM, Sagovsky R. (1987). Detection of postnatal depression. Development of the 10-item Edinburgh Postnatal Depression Scale. Br J Psychiatry; 150:782-786.

Cuijpers P, Karyotaki E, Weitz E, et al. (2014). The effects of psychotherapies for major depression in adults on remission, recovery and improvement: A meta-analysis. J Affect Disord; 159:118-126.

Cutrona CE, & Troutman BR. (1986). Social support, infant temperament, and parenting self-efficacy: A mediational model of postpartum depression. Child Development; 57(6), 1507-1518.

Da Costa D, Larouche J, Dritsa M, Brender W. (2000). Psychosocial correlates of prepartum and postpartum depressed mood. J Affect Disord; 59(1):31–40

Dagan O, Facompré CR, Bernard K. (2018). Adult attachment representations and depressive symptoms: A meta-analysis. J. Affect. Disord; 236:274–290.

Della Vedova, A. M., Dabrassi, F., Imbasciati, A. (2008). Assessing prenatal attachment in a sample of Italian women. Journal of reproductive and infant psychology; 26(2): 86-98.

Dennis CL, Boyce P. (2004). Further psychometric testing of a brief personality scale to measure vulnerability to postpartum depression. J Psychosom Obstet Gynaecol; 25(3-4):305-11.

Dennis CL, & Letourneau N. (2007). Global and relationship-specific perceptions of support and the development of postpartum depressive symptomatology. Social Psychiatry and Psychiatric Epidemiology; 42(2), 89-95.

de Tychey C, Spitz E, Briançon S, Lighezzolo J, Girvan F, Rosati A, Thockler A, Vincent S. (2005). Pre- and postnatal depression and coping: A comparative approach. J. Affect. Disord; 85:323–326.

Dimidjian S, Goodman SH, Felder JN, Gallop R, Brown AP, & Beck A. (2016). Staying well during pregnancy and the postpartum: A pilot randomized trial of mindfulness-based cognitive therapy for the prevention of depressive relapse/recurrence. Journal of Consulting and Clinical Psychology, 84(2), 134-145.

Donnellan MB, Burt SA, Levendosky AA, Klump KL. (2008). Genes, personality, and attachment in adults: a multivariate behavioral genetic analysis. Pers Soc Psychol Bull; 34:3–16.

Dunkley DM, Blankstein KR, Halsall J, Williams M, & Winkworth G. (2000). The relation between perfectionism and distress: Hassles, coping, and perceived social support as mediators and moderators. Journal of Counseling Psychology; 47, 437– 453.

Dunkley DM, Zuroff DC, & Blankstein KR. (2003). Self-critical perfectionism and daily affect: Dispositional and situational influences on stress and coping. Journal of Personality and Social Psychology; 84, 234 –252.

Eckenrode J. (1991). The social context of coping. New York: Plenum

Endler NS, & Parker JD. (1990). Multidimensional assessment of coping: A critical evaluation. Journal of Personality and Social Psychology; 58(5), 844–854.

Erkoreka L, Zumarraga M, Arrue A, Zamalloa MI, Arnaiz A, Olivas O, Moreno-Calle T, Saez E, Garcia J, Marin E, Varela N, Gonzalez-Pinto A, Basterreche N. (2021). Genetics of adult attachment: An updated review of the literature. World J Psychiatr;11(9):530-542.

Fairchild AJ, Finney SJ. (2016). Investigating Validity Evidence for the Experiences in Close Relationships-Revised Questionnaire. Educ. Psychol. Meas.; 66:116–135.

Faisal-Cury A, Tedesco JJA, Kahhale S, Menezes PR, Zugaib M. (2004). Postpartum depression: In relation to life events and patterns of coping. Arch. Womens Ment. Health.; 7:123–131.

Feeney, J. (2003). Adult attachment, involvement in infant care, and adjustment to new parenthood. Journal of Systemic Therapies; 22, 16 – 30

Feeney JA, Noller P, Hanrahan M. (1994). Assessing adult attachment. In: Sperling MB, Berman WH, eds. Attachment in Adults: Clinical and Developmental Perspectives. New York: Guilford Press; pp. 128-152.

Field T. (2010). Postpartum depression effects on early interactions, parenting, and safety practices: A review. Infant Behavior and Development; 33(1), 1-6.

Figueiredo B, Bifulco A, Pacheco A, Costa R, Magarinho R. (2006). Teenage pregnancy, attachment style, and depression: a comparison of teenage and adult pregnant women in a Portuguese series. Attach Hum Dev.;8(2):123-38.

Folkman S, Lazarus RS. (1985). If it changes it must be a process: Study of emotion and coping during three stages of a college examination. J Pers Soc Psychol.;48(1):150-170.

Folkman S, & Lazarus RS. (1991). Coping and emotion. In A. Monat & R. S. Lazarus (Eds.), Stress and coping: An anthology (3rd ed., pp. 207–227). Columbia University Press. (Reprinted from "Psychological and Biological Approaches to Emotion," edited by N. Stein, B. Leventhal, and T. Trabasso, 1990, Lawrence Erlbaum Associates, Inc)

Fonagy P, Steele, H, Steele M. (1991). Maternal Representations of Attachment during Pregnancy Predict the Organization of Infant-Mother Attachment at One Year of Age. Child Development; 62(5): 891 - 905.

Fonagy P. (1999). Psychoanalytic theory from the viewpoint of attachment theory and research. In J. Cassidy & P. R. Shaver (Eds.), Handbook of attachment: Theory, research, and clinical applications (pp. 595–624). The Guilford Press.

Fonagy P. (2001). Attachment Theory and Psychoanalysis. New York: Other Press.

Fonagy P., Gergely G, Jurist EL, & Target, M. (2002). Affect regulation, mentalization, and the development of the self. Other Press.

Fraley RC, Waller NG, Brennan KA. (2000). An item response theory analysis of self-report measures of adult attachment. J. Personal. Soc. Psychol; 78:350–365.

Fraley RC, Shaver PR. (2000). Adult romantic attachment: Theoretical developments, emerging controversies, and unanswered questions. Review of General Psychology.;4(2):132-154.

Gavin NI, Gaynes BN, Lohr KN, Meltzer-Brody S, Gartlehner G, Swinson T. (2005). Perinatal depression: a systematic review of prevalence and incidence. Obstet Gynecol.;106(5 Pt 1):1071–83.

George C, Kaplan N, Main M. (1985). Adult Attachment Interview Protocol. Berkeley, CA: University of California.

Gerlsma C, Luteijn F. (2000) Attachment style in the context of clinical and health psychology: a proposal for the assessment of valence, incongruence, and accessibility of attachment representations in various working models. B J Medical Psychol; 73: 15–34

Gerwitz A, Edleson JL, Egeland B. (2007). Predictors of maternal attachment in domestic violence cases. J Interpers Violence;22(1):68-86.

Gillath O, Shaver PR, Baek JM, Chun DS. (2008). Genetic correlates of adult attachment style. Pers Soc Psychol Bull.; 34(10):1396-405.

Goodman, J. H. (2004). Paternal postpartum depression, its relationship to maternal postpartum depression, and implications for family health. Journal of Advanced Nursing; 45(1), 26-35.

Graham CA, Easterbrooks MA. (2000). School-aged children's vulnerability to depressive symptomatology: the role of attachment security, maternal depressive symptomatology, and economic risk. Dev Psychopathol; 12:201–213.

Grant KA, McMahon C, Austin MP. (2008). Maternal personality as a moderator of risk for postnatal depression: The impact of recalled parenting. Journal of Affective Disorders;108(1-2):147-157.

Grote NK, Bridge JA, Gavin AR, Melville JL, Iyengar S, & Katon WJ. (2010). A meta-analysis of depression during pregnancy and the risk of preterm birth, low birth weight, and intrauterine growth restriction. Archives of General Psychiatry; 67(10), 1012-1024.

Grussu P, Bramante A. (2016). Depressione perinatale. In Manuale di psicopatologia perinatale Edizioni Centro Studi Erickson S.p.A.; pp. 63-86.

Guardino MC, Schetter DC. (2014). Coping during pregnancy: A systematic review and recommendations. Health Psychol. Rev.; 8:70–94.

Gutiérrez-Zotes A, Labad J, Martín-Santos R, García-Esteve L, Gelabert E, Jover M, Guillamat R, Mayoral F, Gornemann I, Canellas F, Gratacós M, Guitart M, Roca M, Costas J, Luis Ivorra J, Navinés R, de Diego-Otero Y, Vilella E, Sanjuan J. (2015). Coping strategies and postpartum depressive symptoms: A structural equation modelling approach. Eur Psychiatr;30(6):701-8.

Gutiérrez-Zotes A, Labad J, Martín-Santos R, García-Esteve L, Gelabert E, Jover M, Roser Guillamat R, Mayoral F, Gornemann I, Canellas F, et al. (2016). Coping strategies for postpartum depression: A multi-centric study of 1626 women. Arch. Women's Ment. Health; 19:455–461

Guttmann-Steinmetz S, Crowell JA. (2006). Attachment and externalizing disorders: A developmental psychopathology perspective. J. Am. Acad. Child Adolesc. Psychiatry; 45, 440–451.

Haaga D, Yarmus M, Hubbard S, et al. (2002). Mood dependency of selfrated attachment style. Cognit Ther Res 2002; 26:57–71

Hahn-Holbrook J, Cornwell-Hinrichs, T, Anaya I. (2018). Economic and health predictors of national postpartum depression prevalence: A systematic review, meta-analysis, and meta-regression of 291 studies from 56 Countries. Front Psychiatry; 8:248.

Harrison S, Quigley MA, Fellmeth G, Stein A, Alderdice F. (2023). The impact of the Covid-19 pandemic on postnatal depression: analysis of three population-based national maternity surveys in England (2014-2020). Lancet Reg Health Eur; 30:100654.

Hazan C, Shaver P. (1987). Romantic love conceptualized as an attachment process. J. Personal. Soc. Psychol; 52, 511–524.

Herman JL. (1997). Trauma and Recovery: The Aftermath of Violence - From Domestic Abuse to Political Terror. New York: Basic Books.

Heron J, O'Connor TG, Evans J, Golding J, & Glover, V. (2004). The course of anxiety and depression through pregnancy and the postpartum in a community sample. Journal of Affective Disorders; 80(1), 65-73.

Hesse E, & Main M. (2000). Disorganized infant, child, and adult attachment: Collapse in behavioral and attentional strategies. Journal of the American Psychoanalytic Association; 48(4), 1097–1127.

Hofer MA. (2006). Psychobiological roots of early attachment. Current Directions in Psychological Science, 15, 84-88.

Holahan CJ, & Moos RH. (1987). Personal and contextual determinants of coping strategies. Journal of Personality and Social Psychology; 52(5), 946–955.

Holmes J. (1993). Attachment theory: A biological basis for psychotherapy? The British Journal of Psychiatry; 163, 430–438

Honey KL, Bennett P, Morgan M. (2003). Predicting postnatal depression. J. Affect. Disord; 76:201–210.

Howard LM, Khalifeh H. (2020). Perinatal mental health: a review of progress and challenges. World Psychiatry;19(3):313-27.

Howard MS, Medway FJ. (2004). Adolescents' Attachment and Coping with Stress. Psychol. Sch.; 41:391–402.

Hung CH. 2004. Predictors of postpartum women's health status. J Nurs Scholarsh; 36:345–51.

Ikeda M, Hayashi M, Kamibeppu K. (2014). The relationship between attachment style and postpartum depression. Attach. Hum. Dev.; 16:557–572.

Iles J, Slade P, Spiby H. (2011). Posttraumatic stress symptoms and postpartum depression in couples after childbirth: The role of partner support and attachment. J. Anxiety Disord.; 25:520–530.

Kandel ER, Schwartz JH, & Jessell TM. (1991). Principles of neural science (3rd ed.). New York: Elsevier.

Kelly MM, Tyrka AR, Price LH, Carpenter LL. (2008). Sex differences in the use of coping strategies: predictors of anxiety and depressive symptoms. Depress Anxiety.;25(10):839-46.

Kernberg, O. F. (1992). Aggression in personality disorders and perversions. New Haven: Yale University Press.

Kim S, Fonagy P, Allen J, Strathearn L. (2014). Mothers' unresolved trauma blunts amygdala response to infant distress. Soc. Neurosci.; 9:352–363.

Klein M. (1935). Contributo alla psicogenesi degli stati maniaco depressive. Trad. it. in M. Klein Scritti 1921-1958. Torino, Boringhieri, 1978.

Klein M. (1946) "Notes on Some Schizoid Mechanisms", International Journal of Psychoanalysis, vol.27, 1946, con alcune note ed un paragrafo aggiunte in "Notes on Some Schizoid Mechanisms" in Klein M., Heimann P., Isaac S., Rivière J. – Development in Psychoanalysis, Hogarth Press, London, 1952. (Trad. it. in: "Note su alcuni meccanismi schizoidi" in Scritti: 1921-1958 – Boringhieri, 1978)

Knoll N, Rieckmann N, Schwarzer R (2005). Coping as a mediator between personality and stress outcomes: a longitudinal study with cataract surgery patients. Eur J Pers 19, 1-19.

Kobak RR, Sceery A. (1988). Attachment in late adolescence: Working models, affect regulation, and representations of self and others. Child Development.; 59(1):135-146.

Kroenke K, Spitzer RL, Williams JB. (2001). The PHQ-9: validity of a brief depression severity measure. J Gen Intern Med.;16(9):606-613.

Lancaster CA, Gold KJ, Flynn HA, Yoo H, Marcus SM, & Davis MM. (2010). Risk factors for depressive symptoms during pregnancy: A systematic review. American Journal of Obstetrics and Gynecology; 202(1), 5-14.

Laurent HK, Ablow JC. (2012). A cry in the dark: depressed mothers show reduced neural activation to their own infant's cry. Soc Cogn Affect Neurosci.;7(2):125-34.

Lazarus RS, Folkman S. (1984). Stress, Appraisal, and Coping. New York: Springer Publishing Company.

Lenzi D, Trentini C, Tambelli R, Pantano P. (2015). Neural basis of attachment-caregiving systems interaction: insights from neuroimaging studies. Front Psychol.; 6-1241.

Lenzi D, Trentini C, Pantano P, Macaluso E, Iacoboni M, Lenzi GL., et al. (2009). Neural basis of maternal communication and emotional expression processing during infant preverbal stage. Cereb. Cortex; 19:1124–1133.

Lenzi D, Trentini C, Pantano P, Macaluso E, Lenzi GL, Ammaniti M. (2013). Attachment models affect brain responses in areas related to emotions and empathy in nulliparous women. Hum. Brain Mapp.; 34:1399–1414.

Leerkes EM, Crockenberg SC. (2002). The development of maternal self-efficacy and its impact on maternal behavior. Infant Mental Health Journal;23(1-2):53-67.

Levy KN. (2005). The implications of attachment theory and research for understanding borderline personality disorder. Development and Psychopathology; 17(4), 959-986.

Lobel M, Dunkel-Schetter C, Scrimshaw SC. (1992). Prenatal maternal stress and prematurity: a prospective study of socioeconomically disadvantaged women. Health Psychol.;11(1):32-40.

Logsdon MC, Wisner K, Hanusa BH. (2011). Problem-solving education for postpartum depression: A randomized controlled trial. J Clin Psychiatry;72(12):1685-1691.

Lopez FG, & Brennan KA. (2000). Dynamic processes underlying adult attachment organization: Toward an attachment theoretical perspective on the healthy and effective self. Journal of Counseling Psychology; 47, 283–301.

Lopez FG, Mauricio AM, Gormley B, Simko T, Berger E. (2001). Adult attachment orientations and college student distress: The mediating role of problem coping styles. J. Couns. Dev.; 79:459–464.

Lopez FG, Mitchell P, Gormley B. (2002). Adult attachment and college student distress: Test of a mediational model. J. Couns. Psychol.; 49:460–467.

Loyd BH, Abidin RR. (1985). Revision of the Parenting Stress Index. J Pediatr Psychol; 10:169–77.

Lyons-Ruth K, Block D. (1996). The disturbed caregiving system: Relations among childhood trauma, maternal caregiving, and infant affect and attachment. Infant Ment Health J.;17(3):257-275.

Luijk MP, Roisman GI, Haltigan JD, Tiemeier H, Booth-Laforce C, van Ijzendoorn MH, Belsky J, Uitterlinden AG, Jaddoe VW, Hofman A, Verhulst FC, Tharner A, Bakermans-Kranenburg MJ. (2011). Dopaminergic, serotonergic, and oxytonergic candidate genes associated with infant attachment security and disorganization? In search of main and interaction effects. J Child Psychol Psychiatry;52(12):1295-307.

Maas AJBM, de Cock ESA, Vreeswijk CMJM, Vingerhoets AJJM, van Bakel HJA. (2015). A longitudinal study on the maternal–fetal relationship and postnatal maternal sensitivity. Journal of Reproductive and Infant Psychology; 34(2): 110-121.

Main M, Solomon J. (1990). Procedures for identifying infants as disorganized/disoriented during the Ainsworth Strange Situation, in Grenberg, Cicchetti, Cummings Attachment during the preschool years: theory, research and intervention, Chicago, Il, University of Chicago Press, pp. 12-160.

Main M, Stadtman J. (1981). “Infant response to rejection of physical contact with the mother: aggression, avoidance and conflict”, Journal of the American Academy of Child Psychiatry; 20, 2992-3007.

Malik S, Wells A, Wittkowski A. (2015). Emotion regulation as a mediator in the relationship between attachment and depressive symptomatology: A systematic review. J Affect Disord.; 172:428-44.

Marques R, Monteiro F, Canavarro MC, Fonseca A. (2018). The role of emotion regulation difficulties in the relationship between attachment representations and depressive and anxiety symptoms in the postpartum period. J. Affect. Disord.; 238:39–46.

Martini J, Wittchen HU, Soares CN, Rieder A, Steiner M. (2009). New women-specific diagnostic modules: The Composite International Diagnostic Interview for Women (CIDI-VENUS). Archives of Women's Mental Health.;12(5):281-289.

Martins C, Gaffan EA. (2000). Effects of early maternal depression on patterns of infant-mother attachment: A meta-analytic investigation. Journal of Child Psychology and Psychiatry; 41(6), 737-746.

Martucci M, Fava G, Giacchetti N, Aceti F. Galeoto G, Panfili M, Sogos C. (2021). Perinatal depression as a risk factor for child developmental disorders: a cross-sectional study. Riv Psichiatr; 56(6): 321-327

Matheson K, & Anisman H. (2003). Systems of coping associated with dysphoria, anxiety and depressive illness: A multivariate profile perspective. Stress; 6, 223–234

Mazzeschi C, Pazzagli C, Radi G, Raspa V, Buratta L. (2015). Antecedents of maternal parenting stress: the role of attachment style, prenatal attachment, and dyadic adjustment in first-time mothers. Front Psychol; 6:1443.

McFarland J, Salisbury AL, Battle CL, Hawes K, Halloran K, Lester BM. (2011). Major depressive disorder during pregnancy and emotional attachment to the fetus. Archives of Women's Mental Health; 14:425–434.

McMahon C, Barnett B, Kowalenko N, Tennant C. (2005). Psychological factors associated with persistent postnatal depression: past and current relationships, defence styles and the mediating role of insecure attachment style. J Affect Disord.;84(1):15-24.

McMahon C, Camberis A, Berry S, Gibson F. (2016). Maternal mind-mindedness: relations with maternal–fetal attachment and stability in the first two years of life: findings from an australian prospective study. Infant Mental Health Journal; 37(1): 17–28.

Meuti V, Aceti F, Giacchetti N, Carluccio GM, Zaccagni M, Marini I, Giancola O, Ciolli P, Biondi M. (2015). Perinatal Depression and Patterns of Attachment: A Critical Risk Factor? Depress. Res. Treat.; 2015:105012.

Mickelson KD, Kessler RC, Shaver PR. (1997). Adult attachment in a nationally representative sample. J Personality Soc Psychol; 73: 1092–1106

Mileva-Seitz V, Steiner M, Atkinson L, Meaney MJ, Levitan R, Kennedy JL, Sokolowski MB, Fleming AS. (2013). Interaction between oxytocin genotypes and early experience predicts quality of mothering and postpartum mood. Public Library of ScienceOne; 8(4):e61443.

Milgrom J, Gemmill AW, Bilszta JL, Hayes B, Barnett B, Brooks J, et al. (2008). Antenatal risk factors for postnatal depression: A large prospective study. Journal of Affective Disorders; 108(1-2), 147-157.

Mercer RT, Ferketich S, May K, DeJoseph J, Sollid D. (1988). Further exploration of maternal and paternal fetal attachment. Research in Nursing & Health.;11(4):269–278.

Meredith P, Noller P, Letcher A. (1999). Perceptions of parenting, importance of parenting and relationships with parents: A comparison of adolescents with and without depression. Journal of Family Studies;5(2):248-266.

Mikulincer M, Shaver PR. (2007). Attachment in adulthood: Structure, dynamics, and change. Guilford Press.

Mikulincer M, Shaver PR. (2012). An attachment perspective on psychopathology. World Psychiatry;11(1):11-5.

Mikulincer M, Florian V. (1995). The relationship between adult attachment styles and emotional and cognitive reactions to stressful events. Journal of Personality and Social Psychology;68(5):817-825.

Mikulincer M, Florian V, Weller A. (1993). Attachment styles, coping strategies, and posttraumatic psychological distress: The impact of the Gulf War in Israel. J. Personal. Soc. Psychol.; 64:817–826.

Mikulincer M, Florian V. (1998). The relationship between adult attachment styles and emotional and cognitive reactions to stressful events. In: Simpson J.A., Rholes W.S., editors. Attachment Theory and Close Relationships. The Guilford Press; New York, NY, USA, pp. 143–165.

Mikulincer M, Shaver PR, & Pereg D. (2003). Attachment theory and affect regulation: The dynamic development, and cognitive consequences of attachment-related strategies. Motivation and Emotion; 27, 77–102.

Monk C, Leight KL, Fang Y. (2008). The relationship between women's attachment style and perinatal mood disturbance: implications for screening and treatment. Arch Womens Ment Health; 11:117–129.

Moos RH, Schaefer JA. (1993). Coping resources and processes: current concepts and measures. In Handbook of Stress: Theoretical and Clinical Aspects, ed. L Goldberger, S Breznitz, pp. 234–57. New York: Free Press.2nd ed.

Moses-Kolko EL, Perlman SB, Wisner KL, James J, Saul AT, Phillips ML. (2010). Abnormally reduced dorsomedial prefrontal cortical activity and effective connectivity with amygdala in response to negative emotional faces in postpartum depression. Am J Psychiatry.; 167(11):1373-80.

Müller ME. (1993). Development of the Prenatal Attachment Inventory. Western Journal of Nursing Research; 15(2), 199–215.

Murray L, Cooper PJ. (1997). Postpartum depression and child development. Psychological Medicine; 27(2), 253-260.

Najmi S, Wegner DM. (2008). Thought suppression and psychopathology. In Handbook of Approach andAvoidance Motivation, ed. A Elliott, pp. 447–59. Mahwah, NJ: Erlbaum

Napoli A, Lamis DA, Berardelli I, Canzonetta V, Sarubbi S, Rogante E, Napoli PL, Serafini G, Erbuto D, Tambelli R, Amore M, Pompili M. (2020). Anxiety, Prenatal Attachment, and Depressive Symptoms in Women with Diabetes in Pregnancy. Int J Environ Res Public Health;17(2):425.

Niolu C, Bianciardi E, Sacchetti L, Siracusano A. (2016). Il punto di vista dello psichiatra: trauma e depressione perinatale. In Depressione perinatale. Franca Aceti (a cura di); ed. Alpes Italia, Roma, pp. 67-81

Nolen-Hoeksema S. (1991). Responses to depression and their effects on the duration of depressive episodes. Journal of Abnormal Psychology;100(4):569-582.

Nylen KJ, Moran TE, Franklin CL, O'Hara MW. (2006). Maternal depression: A review of relevant treatment approaches for mothers and infants. Infant Ment Health J.;27(4):327-343

Oddo-Sommerfeld S, Hain S, Louwen F, Schermelleh-Engel K. (2016). Longitudinal effects of dysfunctional perfectionism and avoidant personality style on postpartum mental disorders: Pathways through antepartum depression and anxiety. J Affect Disord.; 191:280-8.

O'Hara MW, Stuart S, Gorman LL, Wenzel A. (2000). Efficacy of interpersonal psychotherapy for postpartum depression. Arch Gen Psychiatry; 57(11):1039-1045.

O'Hara MW, McCabe JE. (2013). Postpartum depression: Current status and future directions. Annual Review of Clinical Psychology; 9:379-407.

O'Keane V, Lightman S, Patrick K, Marsh M, Papadopoulos AS, Pawlby S, Seneviratne G, Taylor A, Moore R (2011). Changes in the maternal hypothalamic-pituitary-adrenal axis during the early puerperium may be related to the postpartum 'blues'. Journal of Neuroendocrinology; 23, 11, 1149-1155.

O'Mahen HA, Flynn HA, & Nolen-Hoeksema S. (2010). Rumination and interpersonal functioning in perinatal depression. Journal of Social and Clinical Psychology; 29(6), 646-667.

Payne JL, & Maguire J. (2019). Pathophysiological mechanisms implicated in postpartum depression. Frontiers in Neuroendocrinology; 52, 165-180.

Pakenhama KI, Smitha A, Rattana SL. (2009). Application of a stress and coping model to antenatal depressive symptomatology. Psychol. Health Med.; 12:266–277.

Picardi A, Bitetti D, Puddu P, Pasquini P. (2000). La scala Experiences in close relationships (ECL), un nuovo strumento per la valutazione dell'attaccamento negli adulti: traduzione, adattamento e validazione della versione italiana, Rivista di psichiatria; 35/3:113-120.

Picardi A, .Vermigli P, Toni A, D'Amico R, Bitetti D, Pasquini P. (2002) Il questionario "Experiences in Close Relationships" (ECR) per la valutazione dell'attaccamento negli adulti: ampliamento delle evidenze di validità per la versione italiana, Italian Journal of Psychopathology; 8/3: 282-294.

Picardi A, Fagnani C, Nisticò L, Stazi MA. (2011). A twin study of attachment style in young adults. J Pers.; 79:965–991.

Pietromonaco, P. R., & Feldman Barrett, L. (2000). The internal working models concept: What do we really know about the self in relation to others? Review of General Psychology; 4, 155–157

Priel B, Besser A. (1999). Vulnerability to postpartum depressive symptomatology: Dependency, self-criticism and the moderating role of antenatal attachment. Journal of Social and Clinical Psychology;18(2):240–253.

Putnam KT, Wilcox M, Robertson-Blackmore E, Sharkey K, Bergink V, Munk-Olsen T, et al. (2017). Clinical phenotypes of perinatal depression and time of symptom onset: analysis of data from an international consortium. The Lancet Psychiatry;4(6):477–485.

Radloff LS. (1977). The CES-D scale: A self-report depression scale for research in the general population. Appl Psychol Meas;1(3):385-401.

Ravindran AV, Griffiths J, MeraliZ, Anisman H (1996). Primary dysthymia: A study of several psychosocial, endocrine and immune correlates. J Affect Disord; 40, 73-84.

Razurel C, Kaiser B, Sellenet C, Epiney M. (2013). Relation between perceived stress, social support, and coping strategies and maternal well-being: a review of the literature. Women Health;53(1):74–99.

Redshaw M, & Martin C. (2013). Babies, 'bonding' and ideas about parental 'attachment'. Journal of Reproductive and Infant Psychology; 31(3): 219–221.

Reinecke MA, Rogers GM. (2001). Dysfunctional attitudes and attachment style among clinically depressed adults. Behav Cognit Psychother; 29:129–141.

Ren J, Jiang X, Yao J, Li X, Liu X, Pang M, Chiang CL. (2015). Depression, social support, and coping styles among pregnant women after the Lushan earthquake in Ya'an, China. PLoS ONE;10:e0135809.

Riem MM, Bakermans-Kranenburg MJ, van IJzendoorn MH, Out D, Rombouts SA. (2012). Attachment in the brain: adult attachment representations predict amygdala and behavioral responses to infant crying. Attach Hum Dev.; 14(6):533-51.

Rilling JK, Young LJ. (2014). The biology of mammalian parenting and its effect on offspring social development. Science; 345: 771–776.

Robakis TK, Williams KE, Crowe S, Lin KW, Gannon J, Rasgon NL. (2016). Maternal attachment insecurity is a potent predictor of depressive symptoms in the early postnatal period. J Affect Disord.; 190:623-631.

Robakis TK, Zhang S, Rasgon NL, Li T, Wang T, Roth MC, et al. (2020). Epigenetic signatures of attachment insecurity and childhood adversity provide evidence for role transition in the pathogenesis of perinatal depression. Transl Psychiatry;10(1):1–4.

Robakis TK, Zhang S, Rasgon NL, Li T, Wang T, Roth MC, Humphreys KL, Gotlib IH, Ho M, Khechaduri A, Watson K, Roat-Shumway S, Budhan VV, Davis KN, Crowe SD, Ellie Williams K, Urban AE. (2020). Epigenetic signatures of attachment insecurity and childhood adversity provide evidence for role transition in the pathogenesis of perinatal depression. Transl Psychiatry;10(1):48.

Robertson J, & Bowlby J. (1952) Responses of young children to separation from their mothers. Courrier Centre International de l'Enfance ; 2, 131-142.

Rholes WS, & Simpson JA. (2004). Adult Attachment. Theory, research and clinical implications. New York, NY: Guilford Press.

Rholes WS, Simpson JA, Kohn JL, Wilson CL, Martin AM 3rd, Tran S, Kashy DA. (2011). Attachment orientations and depression: a longitudinal study of new parents. J Pers Soc Psychol. ;100(4):567-86.

Rholes WS, & Simpson JA. (2004). Ambivalent attachment and depressive symptoms: The role of romanticand parent – child relationships. Journal of Cognitive Psychotherapy; 18, 67 – 78.

Rholes WS, Simpson JA, Campbell L, & Grich, J. (2001). Adult attachment and the transition to parenthood. Journal of Personality and Social Psychology; 81, 421 – 435.

Rholes WS, Simpson JA, Kohn JL, Wilson CL, Martin AM, III, Tran S, et al. (2011). Attachment orientations and depression: A longitudinal study of new parents. J. Pers. Soc. Psychol.;100(4):567.

Rholes WS, Simpson JA, Friedman M. (2006). Avoidant attachment and the experience of parenting. Personality and Social Psychology Bulletin;32(3):275-285.

Roth S, Cohen LJ. (1986). Approach, avoidance, and coping with stress. Am. Psychol.; 41:813–19.

Roy-Byrne P, Vitaliano P, Cowley DS, Luciano G. (1992). Coping in panic and major depressive disorder: Relative effects of symptom severity and diagnostic comorbidity. J Nerv Ment Dis; 180, 179-183.

Schmidt S, Nachtigall C, Wuethrich-Martone O, Strauss B. (2002). Attachment and coping with chronic disease. J. Psychosom. Res.; 53:763–773.

Severo M, Ventriglio A, Bellomo A, Iuso S, Petito A. (2023). Maternal perinatal depression and child neurocognitive development: A relationship still to be clarified. Front Psychiatry; 14:1151897.

Severo M, Petito A, Ventriglio A, Iuso S, Ianzano G, Marconcini A, Giannaccari E, Palma GL, Altamura M, Sorrentino F, Maruotti G, Nappi L, Caroli A, Bellomo A. (2024). Exploring the Relationship between Neuroticism and Perinatal Depressive Symptoms: Findings from a 2-Year, Multicenter Study in Italy. Brain Sci.;14(4):366.

Simpson J, Rholes W, Campbell L, Tran S, & Wilson C. (2003). Adult attachment, the transition to parenthood, and depressive symptoms. Journal of Personality & Social Psychology; 84, 1172 – 1187.

Skinner EA, Edge K, Altman J, Sherwood H. (2003). Searching for the structure of coping: a review and critique of category systems for classifying ways of coping. Psychol. Bull.; 129:216–69.

Slade A, Grienenberger J, Bernbach E, Levy D, Locker A. (2005). Maternal reflective functioning, attachment, and the transmission gap: A preliminary study. Attach Hum Dev.; (3):283-298.

Somerville S, Dedman K, Hagan R, et al. (2014). The Perinatal Anxiety Screening Scale: development and preliminary validation. Arch Womens Ment Health;17(5):443-454.

Stewart DE, Robertson E, Dennis CL, Grace SL, & Wallington T. (2003). Postpartum depression: Literature review of risk factors and interventions. Toronto Public Health; 1-289.

Strathearn L, Fonagy P, Amico J, Montague PR. (2009). Adult attachment predicts maternal brain and oxytocin response to infant cues. Neuropsychopharmacology;34(13):2655-66.

Strathearn L. (2011). Maternal neglect: oxytocin, dopamine and the neurobiology of attachment. J Neuroendocrinol.;23(11):1054-65.

Strathearn L, Li J, Fonagy P, Montague PR. (2008). What's in a smile? Maternal brain responses to infant facial cues. Pediatrics.;122(1):40-51.

Swalm D, Brooks J, Doherty D, Nathan E, Jacques A. (2010). Using the Edinburgh postnatal depression scale to screen for perinatal anxiety. Arch Womens Ment Health.;13(6):515-22.

Terrone G, Bianciardi E, Fontana A, Pinci C, Castellani G, Sferra I, Forastiere A, Merlo M, Marinucci E, Rinaldi F, Falanga M, Pucci D, Siracusano A, Niolu C. (2023).

Psychological Characteristics of Women with Perinatal Depression Who Require Psychiatric Support during Pregnancy or Postpartum: A Cross-Sectional Study. Int J Environ Res Public Health;20(8):5508.

Trombetta T, Giordano M, Santoniccolo F, Vismara L, Della Vedova AM, Rollè L. (2021). Pre-natal Attachment and Parent-To-Infant Attachment: A Systematic Review. Front Psychol.; 12:620942.

Van den Bergh B, & Simons A. (2009) A review of scales to measure the mother–foetus relationship, Journal of Reproductive and Infant Psychology; 27:2, 114-126.

Van der Horst FCP. (2011). John Bowlby – From psychoanalysis to ethology: Unravelling the roots of attachment theory. Wiley-Blackwell.

Verkerk GJ, Denollet J, Van Heck GL, Van Son MJ, Pop VJ. (2005). Personality factors as determinants of depression in postpartum women: a prospective 1-year follow-up study. Psychosom Med.;67(4):632-7.

Walker LO, Murry N. Maternal Stressors and Coping Strategies During the Extended Postpartum Period: A Retrospective Analysis with Contemporary Implications. Women's Health Rep (New Rochelle). 2022 Jan 31;3(1):104-114.

Walker LO, Murry N, Becker H, Li Y. Leading Stressors and Coping Strategies Associated With Maternal Physical and Mental Health During the Extended Postpartum Period. J Midwifery Womens Health. 2024 May 23.

Walsh, J. (2010). Definitions matter: if maternal–fetal relationships are not attachment, what are they? Arch Womens Ment Health, 13: 449 – 451.

Walsh, J., Hepper, E. G., Marshall, B. J. (2014). Investigating attachment, caregiving, and mental health: a model of maternal-fetal relationships. BMC Pregnancy and Childbirth. 14: 383-393.

Waqas A, Nadeem M, Rahman A. (2023). Exploring Heterogeneity in perinatal depression: a comprehensive review. BMC Psychiatry;23(1):643. z.

Wardenaar KJ, van Veen T, Giltay EJ, et al. (2017). Personality and poor subjective sleep quality as predictors of depression in perinatal women: Findings from the PROMISES study. Journal of Affective Disorders; 218:137-143.

Warfa N, Harper M, Nicolais G, Bhui K. (2014). Adult attachment style as a risk factor for maternal postnatal depression: A systematic review. BMC Psychol.; 2:56.

Wei M, Heppner PP, Mallinckrodt B. (2003). Perceived Coping as a Mediator Between Attachment and Psychological Distress: A Structural Equation Modeling Approach. J. Couns. Psychol; 50:438–447.

Wei M, Vogel DL, Ku T-Y, & Zakalik R A. (2005). Adult attachment, affect regulation, negative mood, and interpersonal problems: The mediating roles of emotional reactivity and emotional cutoff. Journal of Counseling Psychology; 52, 14 –24.

Wei M, Heppner PP, Russell DW. (2006). Maladaptive perfectionism and ineffective coping as mediators between attachment and future depression: a prospective analysis. J Couns Psychol.; 53:67–79.

Whatley SL, Foreman AC, Richards S. (1998). The relationship of coping style to dysphoria, anxiety, and anger. Psychological Reports; 83(3), 783–791.

Wittkowski A, Vatter S, Muhinyi A, Garrett C, Henderson M. (2020). Measuring bonding or attachment in the parent-infant-relationship: A systematic review of parent-report assessment measures, their psychometric properties and clinical utility. Clin Psychol Rev.; 82:101906.

Yali AM, Lobel M. (1999). Coping and distress in pregnancy: An investigation of medically high-risk women. J Psychosom Obstet Gynaecol.;20(1):39-52.

Yi J, Zhu X, Auerbach RP, Gardiner CK, Cai L, Wang Y, Yao S. (2012). Insecure attachment as predictor of depressive and anxious symptomatology. Depress. Anxiety; 29:789–796.

Yonkers KA, Vigod S, & Ross LE. (2011). Diagnosis, pathophysiology, and management of mood disorders in pregnant and postpartum women. Obstetrics & Gynecology; 117(4), 961-977.

INDICE

www.ingramcontent.com/pod-product-compliance
Lightning Source LLC
LaVergne TN
LVHW050945051026
849532LV00005B/1707